Bettina van Bevern

Scannen und Drucken

Fast alle Hard- und Software-Bezeichnungen, die in diesem Buch erwähnt werden, sind gleichzeitig auch eingetragene Warenzeichen und sollten als solche betrachtet werden. Der Verlag folgt bei den Produktbezeichnungen im Wesentlichen den Schreibweisen der Hersteller.

Der Verlag hat alle Sorgfalt walten lassen, um vollständige und akkurate Informationen in diesem Buch bzw. Programm und anderen evtl. beiliegenden Informationsträgern zu publizieren. Er übernimmt weder die Garantie noch die juristische Verantwortung oder irgendeine Haftung für die Nutzung dieser Informationen, für deren Wirtschaftlichkeit oder fehlerfreie Funktion für einen bestimmten Zweck. Ferner kann der Verlag für Schäden, die auf eine Fehlfunktion von Programmen, Schaltplänen o. Ä. zurückzuführen sind, nicht haftbar gemacht werden, auch nicht für die Verletzung von Patent- und anderen Rechten Dritter, die daraus resultiert.

Genehmigte Sonderausgabe

Alle Rechte vorbehalten.
Kein Teil des Werks darf in irgendeiner Form (Druck, Fotokopie, Mikrofilm oder in einem anderen Verfahren) ohne schriftliche Genehmigung des Verlags reproduziert oder unter Verwendung elektronischer Systeme verarbeitet, vervielfältigt oder verbreitet werden.

Inhaltsverzeichnis

Vorwort des Herausgebers	**7**
Vorwort der Autorin	**11**
Basiswissen für die erfolgreiche Bildbearbeitung	**13**
Los geht's	13
Der PC sieht etwas, was Sie nicht sehen	14
Ein digitales Bild besteht aus vielen Punkten	14
Hohe Auflösung = sehr große Datenmenge	18
Anschauliche Beispiele zur Illustration von Datenmengen	19
Das Gute ...	24
Auf den Punkt gebracht: Nun ist der Drucker an der Reihe!	26
Auflösung ganz genau ... noch genauer ...	27
Zur Erinnerung	29
Ihre erste Begegnung mit Scanner und Bildbearbeitung	**31**
Los geht's	31
Weiter geht's	32
Sprechen Sie Ihren Scanner direkt an ...	32
Der bessere Weg: Scannen mit der TWAIN-Schnittstelle	34
Die Bildbearbeitungssoftware	34
Die Testversion von Adobe Photoshop Elements installieren	35
Die Installation – Schritt für Schritt Win98 und WinXP	36
Das Programm Adobe Photoshop Elements starten	46
Zur Orientierung – die Programmoberfläche von	
Adobe Photoshop Elements	48
Zur Erinnerung	54
Der erste Scan	**55**
Los geht's	55
Wie im Handelsgeschäft: „importieren"!	56
Scannen leicht gemacht – mit Elements!	56
Schritt für Schritt – ein Scan für das Fotoalbum	59
Ein Scan für die Post – als E-Mail-Anhang	69

TIFF, JPEG und Co.: Starke Typen mit unterschiedlichen
Qualitäten! 73
Verschiedene Bildvorlagen unterscheiden 75
Noch ein paar goldene Regeln für das erfolgreiche Scannen ... 76
Zur Erinnerung 78

Die digitale Bildbearbeitung **79**
Los geht's 79
Bildbearbeitung – was ist das eigentlich? 80
Schritt für Schritt – ein Bild drehen und den Arbeitsbereich
organisieren 81
Genauer arbeiten mit dem Lupenwerkzeug 85
Schritt für Schritt – das Lupenwerkzeug verwenden 85
Das Retuschieren roter Augen 88
Schritt für Schritt – arbeiten mit dem Rote-Augen-Pinsel 89
Mit dem Freistellungswerkzeug einen Bildausschnitt
bestimmen 92
Schritt für Schritt – einen Bildausschnitt erstellen 93
Bringen Sie Ihr Bild in Sicherheit! 96
Schritt für Schritt – das Speichern einer Bildkopie 96
Vorsicht beim Schließen der Originaldatei! 100
Weiter geht's in Sachen Bildbearbeitung ... Helligkeit und
Kontrast einstellen 101
Schritt für Schritt – Helligkeit und Kontrast einstellen 101
Zur Erinnerung 108

Weiterführende Bildbearbeitung **109**
Los geht's 109
Erweiterte Bildbearbeitung mit Hilfe einer Auswahl 110
Schritt für Schritt – Helligkeit/Kontrast in einem
Bildausschnitt verändern 111
Einfarbige Flächen mit dem Zauberstab auswählen 117
Schritt für Schritt – das Arbeiten mit dem Zauberstab 118
Erweiterte Funktionen des Zauberstabs 120
Die Auswahleinstellungen des Zauberstabs gelten auch für
andere Funktionen! 126
Ausprobieren des Zauberstabs mit einem realen Bild 126
Schritt für Schritt – einen Himmel mit dem Plus-Zauberstab
korrigieren 127

Die Bedeutung von Auswahlen kurz zusammengefasst	130
Zur Erinnerung	130

Die künstlerische Bildbearbeitung mit Effekten — **131**

Los geht's	131
„Ein bisschen Spaß muss sein ..." gilt auch für die Bildbearbeitung	132
Schritt für Schritt – Arbeiten mit Effektfiltern	133
Zur Erinnerung	140

Bilder erfolgreich drucken — **141**

Los geht's	141
Ihr Drucker – ein unbekanntes Wesen?	142
Schritt für Schritt – der einfache Ausdruck mit Adobe Photoshop Elements	143
Der optimierte Ausdruck mit der Druckvorschau	145
Damit Sie lange an Ihrem Drucker Freude haben ...	171
Zur Erinnerung	172

Glossar — **173**

Anhang — **183**

Hardware-Voraussetzungen für die digitale Bildbearbeitung	183
Kauftipps für Adobe Photoshop Elements, Scanner und Digitalkameras	183
Weitere Bilddateiformate	184
Nützliche Zusatzprogramme für den Bildbearbeitungs- und Druckalltag	185
Nützliche Internetadressen für „digitale Bilder" und „Bildbearbeitung"	186
Datenmengen etwas deutlicher beleuchtet	187

Stichwortverzeichnis — **189**

Vorwort des Herausgebers

Endlich Zeit – Seit letzter Woche steht ein nagelneuer Computer im Wohnzimmer und nun will ich's wissen.

Heinz A., Rentner, 70 Jahre alt

Heinz A. ist einer von vielen Interessenten, die sich bei den Volkshochschulen erkundigen, ob es dort für ältere Menschen geeignete Computerkurse gibt, die ihm nun weiterhelfen können.

Ich kann diese Frage nicht nur einfach bejahen, ich kann ihm sogar sagen, dass derzeit geradezu ein Boom an Kursen entstanden ist, die sich speziell an ältere Personen wenden.

Ausgewählte Kursleiterinnen und Kursleiter sorgen dafür, dass diese Kurse kein Fachchinesisch, sondern das notwendige Know-how zur Bearbeitung ganz spezieller Nutzungsmöglichkeiten des Computers für verschiedenste Interessen bieten.

Und es kommt noch besser: Die von Kursleitern geschriebenen Fachbücher wurden bereits im letzten Jahr im Rahmen einer Bildungskampagne des Landesverbandes der Volkshochschulen Nordrhein-Westfalen in Verbindung mit dem Verlag erfolgreich in Volkshochschul-Kursen eingesetzt: *Den Computer entdecken*, *Internet und E-Mail erkunden* und *Briefe und Einladungen schreiben* hießen die ersten Titel rund um das Betriebssystem Windows, die Textverarbeitung Word und die unzähligen Möglichkeiten des Internets.

Die neuen Bücher beschäftigen sich nun mit weiteren Themen, die Sie beim Umgang mit dem PC sicher brennend interessieren: In *Scannen und Drucken* lernen Sie Schritt für Schritt, Ihren Scanner zu bedienen, Bilder am PC zu verschönern und sie nach Ihren Wünschen auszudrucken. Oder wollten Sie schon immer *Dateien, Musik und Videos auf CD brennen*? In diesem Buch erfahren Sie, wie es geht! *Nützliche Informationen finden im WWW* zeigt Ihnen zu guter Letzt, wie Sie nach den ersten Schritten im Internet nun gezielt Informationen finden, eine Reise planen oder im Netz der unbegrenzten Möglichkeiten einkaufen gehen.

Die Autoren sind erfahren in der Unterrichtung älterer Menschen zur Nutzung und Handhabung des Computers. Die Titel vermeiden das weitverbreitete Fachchinesisch der im Buchhandel erhältlichen allgemeinen EDV-Fachbücher soweit es geht. Vergessen Sie komplexe Programmbeschreibungen und detailverliebte Darstellungen und freuen Sie sich auf die klare Struktur der neuen Bücher.

Elemente des Buches

Jedes Buch ist klar gegliedert in Kapitel, die eingeleitet sind durch eine *Los geht's-Seite*. Dort erhalten Sie eine kurze Übersicht, welche Themen Ihnen im aktuellen Kapitel erklärt werden. Zum Schluss wird dann alles auf einer Seite *Zur Erinnerung* zusammengefasst.

Weitere Elemente dieser Bücher werden Sie mit wertvollen Informationen bei Ihrer Arbeit unterstützen:

ACHTUNG
Hier werden Sie immer wieder darauf hingewiesen, wie Sie möglichen Gefahren beim Umgang mit Ihrem Computer aus dem Weg gehen können.

RAT
Und gelegentlich erhalten Sie auch einen Rat, was besonders wichtig für Sie bei der Arbeit mit Ihrem PC ist.

1 Die Schritt-für-Schritt-Anleitungen helfen Ihnen dabei, einige Arbeitsvorgänge genau durchzugehen.

2 Und zusätzlich finden Sie im Text eine ganze Reihe von Abbildungen, die Ihnen erleichtern, bestimmte Arbeitsschritte nachzuvollziehen.

Glossar

Am Ende jedes Buches finden Sie ein kleines Glossar, das Ihnen ein schnelles Nachschlagen neuer Begriffe ermöglicht.

Insgesamt werden Sie sicherlich mit großer Motivation ans Werk gehen, da unsere Autoren sich liebevoll um Ihr Wohlbefinden beim Lernen kümmern.

Ich wünsche Ihnen jedenfalls viel Spaß beim Lernen und drücke die Daumen, dass Sie dann auch mitreden können, wenn Ihre Enkelkinder Ihnen wieder die Fachbegriffe rund um den Computer „um die Ohren hauen".

Ihr Udo Schneidereit (Hrsg.)
Landesverband der VHS von NRW e.V.
Heiliger Weg 7–9
44135 Dortmund

Vorwort der Autorin

Herzlich willkommen in der Welt der Pixel,
werte Leserin und werter Leser,

ich freue mich, dass Sie sich mit Scannen, Drucken und der Bildbearbeitung anfreunden wollen, und werde Sie gern dabei unterstützen und begleiten!

Bilder scannen, Fotos bearbeiten und Grafiken erstellen ist heutzutage nicht mehr nur die Sache der Profis aus der Werbebranche oder Druckindustrie. Günstige Angebote an Scannern und Digitalkameras sowie Grafiksoftware, die bei der Neuanschaffung eines PCs mitgeliefert wird, ermöglichen heute jedem, in die Pixelwelt einzusteigen. Und Sie sind ja gerade dabei!

Mancher Hersteller von Scannern und Digitalkameras vermittelt in seiner Werbebotschaft, Bildbearbeitung, Gestaltung und Verfremdung von Fotos und Grafiken sei „kinderleicht". Nun, aus eigener und der Erfahrung mit vielen Kursteilnehmern kann ich Ihnen sagen: All diese Dinge erfordern Lernbereitschaft, Geduld und viel Übung! Üben wir also und beginnen gemeinsam mit den notwendigen Lernschritten.

Und bitte:

Wenn etwas nicht gleich so funktioniert, wie Sie es gerne hätten: Gehen Sie in die Küche, bereiten Sie sich eine Tasse Tee oder Kaffee zu und nehmen Sie etwas Abstand. Seien Sie milde mit sich, seien Sie milde mit der Technik. Sie ist sehr komplex, und es bedarf der Ruhe und Geduld, sie zu verstehen und anzuwenden.

Und dann – werden Sie viel Freude an der Bildbearbeitung haben! Ich wünsche Ihnen gutes Gelingen.

Ihre

Bettina van Beveren

Basiswissen für die erfolgreiche Bildbearbeitung

Los geht's

- In diesem Kapitel wird erklärt, was ein digitales Bild ist.
- Sie erfahren, was „Auflösung" bedeutet.
- Sie lernen Pixel und Dots kennen.
- Sie verstehen, wie ein Computer ein Bild darstellt.
- Sie lernen, wann Sie welche Auflösung gebrauchen.
- Sie sehen den Zusammenhang zwischen der Höhe der Bildauflösung und der Größe der daraus entstehenden Datei.

Der PC sieht etwas, was Sie nicht sehen

Sie möchten mit Ihrem Scanner Fotos scannen, Bilder bearbeiten und gute Ausdrucke Ihrer Bilder erstellen? Dann müssen Sie zunächst einige grundlegende technische Zusammenhänge verstehen. Im ersten Kapitel erfahren Sie vieles über die Art und Weise, wie Ihr PC und Ihr Drucker Bilder „sehen".

Möchten Sie ein Foto scannen und dann drucken, müssen Sie einige Einstellungen vornehmen, damit Ihr Scanner und Ihr Drucker wissen, was zu tun ist. Der *Scanner* (sprich: s*cänner*) ist ein Gerät, welches Fotos oder Zeichnungen für den Computer in digitale Daten umwandelt. Die Tätigkeit, die Ihr Scanner für Sie ausführt, wird als *scannen* (sprich: *scännen*) bezeichnet. Damit Sie keine unerwünschten Überraschungen beim Scannen erleben, machen Sie sich bitte mit folgenden Grundlagen vertraut ...

Ein digitales Bild besteht aus vielen Punkten

Betrachten Sie ein Bild oder Foto, so sehen Sie beispielsweise zunächst eine graue Fläche – die bei genauerem Hinsehen gar nicht gleichmäßig grau ist, sondern einen Übergang von hellgrau zu dunkelgrau darstellt. Und Sie sehen eine gelbe Blume ... an deren Blütenansatz die grüne Farbe des Stängels in gelb übergeht. Diese Feinheiten eines Bildes nehmen wir bewusst nicht immer wahr. Unser Auge sieht das Bild als Ganzes. Jetzt, wenn Sie ein Bild genau betrachten, werden Sie entdecken, was gemeint ist!

Der Scanner „betrachtet" ein Bild und unterteilt es dabei in viele einzelne Punkte. Eine Fläche wird durch den Scanner zu einer Aneinanderreihung von sehr vielen Punkten in unterschiedlichen Helligkeiten und Farben. Der Scanner „sieht" kein vollständiges Bild, sondern er unterteilt es in einzelne Punkte, die auf dem Bildschirm sichtbar aneinander gesetzt werden. Diese Punkte, die dann Ihr Bild auf dem Bildschirm darstellen, heißen *Pixel*. Wenn Sie also Ihr bekanntes Foto auf dem Monitor sehen, wird es dort schon aus verschiedenen einzelnen Pixeln zusammengesetzt.

Da technische Entwicklungen und Standards häufig aus dem englischsprachigen Raum kommen, finden Sie rund um den Computer viele englische Bezeichnungen und Maße. In diesem Buch werden die Fachbegriffe genannt und für das bessere Verständnis ins Deutsche übersetzt. Bitte benutzen Sie die englischen Fachbegriffe! Jede Zeitschrift und natürlich die Fachbücher verwenden sie.

Ihr PC reiht also Pixel für Pixel aneinander und fügt so das ganze Bild wieder zusammen. Die Bezeichnung „Pixel" ist ein Kunstwort, entstanden durch die Zusammenführung der englischen Worte *Picture Elements* = Bildelemente. Ein Pixel ist die kleinste Bildeinheit in einem Computerbild, ähnlich wie ein Steinchen eines Mosaiks. Ein Pixel ist in seiner Größe variabel. Ein Pixel hat die Form eines Quadrats.

Klar, dass es wichtig ist, genügend Pixel zu haben, um ein Bild in seiner ganzen Schönheit, Schärfe und Größe wiederzugeben. Pixel – das wissen Sie bereits – entstehen in Ihrem Scanner und auch in Ihrer *Digitalkamera*. Die Anzahl der Pixel ist entscheidend für die Wiedergabequalität Ihres Bildes durch Ihren PC und Drucker. Dieser Qualitätsfaktor wird als Auflösung bezeichnet und in *PPI* beschrieben: PPI = Points per Inch – Punkte pro Inch. Ein Inch entspricht dabei 2,54cm. Die Höhe der Auflösung in PPI eines Bildes ist ein Maß für dessen Qualität.

Hier einige Beispiele, die zeigen, wie die Anzahl der Pixel in der Druckqualität sichtbar wird.

Bild in Originalgröße bei 400 PPI – 1.299 Pixel breit x 946 Pixel hoch

Gleiche Größe bei noch geringerer Auflösung mit 150 PPI – 487 Pixel breit x 355 Pixel hoch

Gleiche Größe bei weiter verringerter Auflösung mit 72 PPI – 234 Pixel breit x 170 Pixel hoch

Gleiche Größe bei stark reduzierter Auflösung mit 30 PPI –
98 Pixel breit x 71 Pixel hoch

Sie sehen, dass ein Schwarz-Weiß-Foto schon mit einer Auflösung von 150 PPI gut wiedergegeben wird. Natürlich können Sie bei einer höheren Auflösung einzelne Details besser und schärfer erkennen.

Bei grafischen Bildern, z. B. Zeichnungen mit scharfen Kanten wie dem folgenden „Smiley", brauchen Sie mehr Pixel bzw. eine höhere Auflösung, da gerade glatte Kanten für die exakte Darstellung mehr Pixel erfordern. Unserem Auge fällt bei dieser Art von Vorlage schneller auf, dass das Bild aus vielen einzelnen Punkten zusammengesetzt ist.

Hier die Beispiele:

Bild in Originalgröße
bei 1.200 PPI
– 2.362 Pixel breit x 2.362 Pixel hoch

Bild mit geringerer Auflösung
in gleicher Größe mit 600 PPI
– 1181 Pixel breit x 1181 Pixel hoch

Bild mit geringerer Auflösung
in gleicher Größe mit 72 PPI
– 142 Pixel breit x 142 Pixel hoch

Bild mit geringerer Auflösung
in gleicher Größe mit 30 PPI
– 59 Pixel breit x 59 Pixel hoch

An dem Beispiel unseres freundlichen Gesichts können Sie erkennen, dass ab einer Auflösung von 600 PPI wirklich keine Pixelkanten mehr zu erkennen sind. Die Auflösung von 1.200 PPI bringt keine erkennbare Verbesserung.

Hohe Auflösung = sehr große Datenmenge

Der Zusammenhang von Pixelmengen und Wiedergabequalität eines Bildes in den vorher gezeigten Beispielen war bestimmt deutlich. Dann können Sie jetzt schlussfolgern: „Okay, das mit der Auflösung ist klar. Ich nehme einfach die höchste und kriege immer die besten Ergebnisse." Logisch gedacht, doch nicht in jedem Falle klug!

Je höher die Auflösung eines Bildes ist, umso größer ist seine Datenmenge. Die Größe der Datenmenge (die Größe der Bilddatei) ist zum Beispiel dann entscheidend, wenn Sie ein digitales Bild per E-Mail an gute Freunde oder Ihre Kinder schicken wollen.

Sehr große Dateien brauchen unter Umständen eine halbe Stunde „Sendezeit", und der Empfänger muss auch noch einmal eine halbe Stunde warten, bis er Ihr Bild auf seinem Bildschirm betrachten kann. Wer will seinen Freunden schon zumuten, eine halbe Stunde online zu bleiben, damit das Bild ankommt? Der *Anhang* einer E-Mail, z.B. Ihr aktuell gescanntes Bild, sollte ohne Absprache mit dem Empfänger auf keinen Fall größer als 1 Mega-Byte sein. Was das bedeutet, finden Sie weiter unten noch erläutert.

Die lange Übertragungszeit einer großen Datenmenge macht sich auch beim Drucken bemerkbar, wenn Sie Ihre Bilddatei zu Ihrem Drucker senden. Bei einem Bild mit sehr hoher Auflösung, also mit ganz vielen Pixeln, kann es sein, dass der Drucker erst nach 20 Minuten anfängt zu drucken. Das ist kein Zeichen von Funktionsschwäche, sondern von Schwerstarbeit!

Relativ „junge" Computer (ein bis zwei Jahre alt), kommen mit großen Datenmengen zurecht. Das nützt jedoch nichts, wenn man auf den Drucker warten muss! Ältere Computer neigen dazu, bei großen Datenmengen den Dienst zu verweigern bzw. abzustürzen. Dann geht gar nichts mehr – da hilft oft nur „Steckerziehen"!

Anschauliche Beispiele zur Illustration von Datenmengen

Zu Ihrer Orientierung wird als Datenmengen-Maßstab der Begriff *Mega-Byte* verwendet (abgekürzt MB, MByte, sprich: megabait). In den folgenden Beispielen nennen wir Ihnen die Anzahl der zum Speichern der jeweiligen Datei benötigten *Disketten*, damit Sie sich die Größe der Dateien besser vorstellen können. Auf eine Diskette passt die Datenmenge von 1,44 Mega-Byte.

Originalformat eines gescannten Fotos in 150 PPI Qualität. Diese Datei passt auf *1 Diskette* und hat eine Datenmenge von 1,38 MByte.

Basiswissen für die erfolgreiche Bildbearbeitung

Originalformat eines gescannten Fotos in 300 PPI Qualität. Diese Datei passt auf *4 Disketten* und hat eine Datenmenge von 5,4 MByte.

Originalformat eines gescannten Fotos in 600 PPI Qualität. Diese Datei passt auf *16 Disketten* und hat eine Datenmenge von 21,7 MByte.

Basiswissen für die erfolgreiche Bildbearbeitung

Originalformat eines gescannten Fotos in 1.200 PPI Qualität. Diese Datei passt auf *64 Disketten* und hat eine Datenmenge von 89 MByte.

Natürlich können Sie nicht so ohne weiteres eine 89 Mega-Byte große Bilddatei splitten, um sie auf 64 Disketten zu verteilen. Man speichert eine Datei immer als Ganzes. Die Anzahl der Disketten verdeutlicht, wie rasch und wie erheblich eine Datei sich durch die Erhöhung der Auflösung vergrößert!

Sicher haben Sie bemerkt, dass sich die Datenmenge des Bildes mit jeweils doppelter Auflösung nicht verdoppelt, sondern vervierfacht. Die Datenmenge eines Bildes vergrößert sich potenziert zur Höhe der Auflösung! Aus einer Diskette werden vier, aus vier werden 16 und aus 16 Disketten werden 64.

Hier erkennen Sie einen der Gründe, aus dem immer mehr Daten auf CD-ROM gespeichert werden. Eine CD-ROM hat eine Speicherkapazität von ca. 487 Disketten! Das Speichern von Daten auf CD oder auf einen Rohling nennt man „Brennen". Doch das ist ein anderes Thema und ein anderes Buch – wie *Dateien, Musik und Videos auf CDs brennen* von Andreas Boll und Ralf de Günther.

Das Gute ...

Das Gute ist, dass Sie für gute Druckergebnisse und gute Bildschirmansichten keine Bilder mit hoher Auflösung brauchen! Denn unsere Augen, mit denen wir ja die Bilder betrachten, nehmen die sehr feinen Unterschiede gar nicht genau wahr.

Die folgenden Erfahrungswerte dienen Ihnen als kleine Richtlinie für das Scannen von Bildern. Die Werte sind eine praktische Empfehlung für den „Hausgebrauch" und liefern gute Ergebnisse bei klein gehaltenen Datenmengen. Folgende Scan-Empfehlungen gelten für Bilder, die so groß ausgedruckt oder betrachtet werden, wie sie eingescannt worden sind:

Art der Verwendung	Empfohlene Auflösung
Betrachten am Bildschirm oder auf Internetseiten	72 PPI
Ausdruck auf einem einfachen Tintenstrahl-Farbdrucker	150–200 PPI

Scannen Sie eine Vorlage entsprechend Ihres Verwendungszwecks in der angegebenen Auflösung ...

Art der Verwendung	Empfohlene Auflösung
Ausdruck auf einem guten Foto-Tintenstrahldrucker mit speziellem Papier, einer Digitaldruckmaschine in einem Kopiercenter oder für den Offset-Druck z. B. einer Vereinszeitung, die in einfacher Qualität in einer Druckerei gedruckt wird	200–300 PPI
Reproduktion in einem hochwertigen Prospekt in einer guten Druckerei	400–600 PPI

Scannen Sie eine Vorlage entsprechend Ihres Verwendungszwecks in der angegebenen Auflösung ...

Alle Werte, die darüber hinaus gehen, erzeugen kein qualitativ besseres Ergebnis sondern lediglich unnötig große Datenmengen.

Zur Beachtung: Eine höhere Auflösung als in der Liste angegeben stellen Sie beim Scannen bitte dann ein, wenn Sie nachträglich ein Bild in Ihrem Programm vergrößern wollen – also größer wiedergeben, als es ursprünglich eingescannt wurde. Das kann z. B. geschehen, wenn Sie das Bild im Textverarbeitungsprogramm Microsoft Word verwenden und es dort größer ziehen, um es dem Textlayout anzupassen.

Denn: Ein von Ihnen gescanntes Foto hat eine seiner Größe angemessene Anzahl von Pixeln. Diese Pixel ermöglichen die Wiedergabe des Bildes in der durch Sie beim Scannen vorgegebenen Größe. Verändern Sie nachträglich die Größe des Bildes, wird dieses Foto in seiner Fläche zwar größer, erhält allerdings keine zusätzlichen Pixel für die neue Größe. Bezogen auf die Größeneinheit hat es nun also weniger Pixel, also weniger PPI als zuvor. Die Pixel werden vergrößert, und dadurch entsteht eine Unschärfe. Manchmal können Sie die einzelnen Pixel sehen, wenn sie zu groß werden, man sagt: Das Bild wird *pixelig*, es entsteht ein *Treppenstufeneffekt*.

Beim Verkleinern entsteht dieses Problem logischerweise nicht. Da werden die Pixel einfach zusammengeschoben. Natürlich sollten Sie aus einem sehr großen Bild keine Briefmarke machen, da es sonst auch hier zu Verzerrungen kommen kann und die Bildqualität sinkt.

> **RAT**
>
> Überlegen Sie möglichst genau, in welcher Größe und in welchen Abmessungen Sie Ihr zu scannendes Bild verwenden möchten. Wollen Sie später doch einen größeren Ausdruck produzieren oder eine größere Bildschirmansicht haben als geplant, scannen Sie das Bild erneut, mit neuen, größeren Werten, damit Sie eine gute Qualität erzielen.

Auf den Punkt gebracht: Nun ist der Drucker an der Reihe!

Die Wiedergabequalität Ihres Druckers wird in dessen Auflösungsvermögen gemessen und mit der Bezeichnung *DPI* angegeben. DPI bedeutet *Dots per Inch* (Punkte pro Inch) – ein Inch entspricht 2,54cm.

Zum Beispiel: Die Angabe *600 DPI* bei einem Drucker bedeutet, dass dieser 600 Druckpunkte auf einer horizontalen Strecke von einem Inch – das sind 2,54 cm – druckt. Ein Druckpunkt ist in seiner Größe immer konstant. Druckt der Drucker viele DPI, wird ein Bilddetail sehr genau wiedergegeben. Druckt der Drucker weniger DPI, wird das gedruckte Bilddetail eventuell unscharf.

Sehen Sie auf dem Bildschirm ein schönes, scharfes Bild, das aber durch Ihren Drucker unscharf wiedergegeben wird, dann kann dies zwei Gründe haben:

1. Der Drucker hat nicht genügend DPI.

2. Ihr Bild (Ihr Scan!) hat nicht genügend Pixel.

Meist entsteht ein ungenügender Ausdruck durch die zu geringe Pixelanzahl eines Bildes, da selbst einfache Tintenstrahldrucker heutzutage schon eine ansehnliche Auflösung besitzen. Für den guten Ausdruck eines Bildes lesen Sie bitte mehr im Kapitel: *Bilder erfolgreich drucken.*

Auflösung ganz genau ... noch genauer ...

Bei der Anschaffung Ihres Scanners sind Sie vielleicht auf eine Angabe des Herstellers hingewiesen worden, die sich auf der Verpackung des Gerätes befindet und seine Leistungsfähigkeit beschreibt: „1.200 DPI Auflösungsvermögen" könnte dort z. B. stehen. 1.200 DPI? Haben Sie die vorangegangenen Kapitel aufmerksam studiert, fällt Ihnen sofort eine Ungereimtheit auf: DPI ist doch die Auflösungseinheit für Drucker! Stimmt genau!

Es hat sich im allgemeinen Sprachgebrauch eingebürgert, das Auflösungsvermögen von Scannern und von Druckern in DPI anzugeben. Genau genommen ist dies nicht korrekt. Sie erinnern sich:

PPI steht für *Points* per Inch und bezeichnet die Anzahl der Punkte, die der Scanner auf der Strecke von einem Inch (2,54 cm) „erkennt" – die Anzahl der Punkte, in die der Scanner Ihr Bild „auflöst".

DPI steht für *Dots* per Inch und bezeichnet die Anzahl der Tintenpünktchen, die der Tintenstrahldrucker auf einer Strecke von einem Inch produziert.

> **ACHTUNG**
> Im Alltag wird häufig der Ausdruck DPI bedenkenlos auch für Scanner und Bildauflösungen verwendet, wenn tatsächlich PPI gemeint sind. Lassen Sie sich davon nicht verwirren, sondern beachten Sie den geräteabhängigen Unterschied!

Zur Erläuterung des entscheidenden Unterschieds:

Der Scanner mit der optischen Auflösung von 1.200 DPI kann 1.200 verschiedenfarbige Pixel auf einer Strecke von 1 Inch „erkennen". Jedes dieser Pixel hat tatsächlich eine unterschiedliche Farbe. Der Drucker, der 1.200 Dots produzieren kann, druckt jedoch nicht etwa jedes einzelne Pixel eines Bildes.

Ein Druckpunkt kann nicht jede beliebige Farbe annehmen: Wenn Ihr Drucker z.B. mit drei unterschiedlichen Tintenfarben arbeitet, dann kann er mit jeder Tintenfarbe immer nur den gleichen Farbton je „Dot" drucken. Um die 16,8 Millionen Farben Ihres Bildes drucken zu können, muss er allerdings seine drei Tintenfarben in jeweils unterschiedlichen Anteilen mischen.

Der Drucker fasst daher mehrere Dots zu einem Bereich zusammen. In diesen Feldern „mischt" er seine Farben: Je intensiver ein Farbton in der Mischung sein muss, umso mehr Dots der jeweiligen Farbtinte druckt er in diesen Bereich. Die winzigen Tintenpünktchen laufen für das menschliche Auge zusammen, so dass der Bereich von mehreren Dots wie ein einziges, farbiges Pixel erscheint.

Wenn der Drucker also z.B. einen Bereich von vier mal vier Dots zum Mischen der Farben verwendet, so benötigt er eben auch vier mal vier Dots, um ein violettes Pixel des Originalbildes wiederzugeben. Wird der Ausdruck dann mit 1.200 *Dots per Inch* produziert, können trotzdem nur 300 PPI eines Bildes gedruckt werden.

Sollte Ihr Drucker tatsächlich ein 300-PPI-Bild drucken können, dann besitzen Sie ein sehr gutes Gerät. So genannte „Foto-Tintenstrahldrucker" haben diese Qualität.

RAT: Verlassen Sie sich nicht nur auf technische Herstellerangaben oder auf gute Verkäufer. Testen Sie Ihr gewünschtes Produkt vor dem Kauf in dem Laden und machen Sie eventuell auch einen Probeausdruck, um sich visuell von der Qualität des jeweiligen Gerätes zu überzeugen.

RAT: Sollten Sie nicht alles in diesem Kapitel sofort verstanden haben, so lassen Sie die Informationen ein paar Tage „sacken". Lesen Sie entsprechende Stellen in diesem Kapitel zu einem späteren Zeitpunkt noch einmal. Manchmal kommt die Erleuchtung über Nacht von alleine.

Zur Erinnerung

⇨ Der Scanner und auch Digitalkameras unterteilen Bilder in Pixel.

⇨ Alle Pixel aneinander gesetzt ergeben das digitale Bild auf dem Computerbildschirm.

⇨ Die Anzahl der Pixel eines digitalen Bildes entscheidet über seine Wiedergabequalität und wird als Auflösung bezeichnet.

⇨ Bilder mit glatten Kanten, wie in Zeichnungen, brauchen eine höhere Auflösung als Fotos.

⇨ Hohe Auflösungen von digitalen Bildern erzeugen eine große Datenmenge. Das verlängert das Warten auf den Drucker, erschwert den E-Mail-Versand und ist oft nicht nötig.

⇨ Die Auflösung von Druckern wird in DPI angegeben.

⇨ Die Bezeichnung DPI wird auch sehr häufig bei der Qualitätsbeschreibung von Scannern verwendet und müsste eigentlich PPI heißen.

⇨ Ein Pixel eines Bildes hat jede beliebige Farbe, und ein Dot eines Druckers kann immer nur eine Farbe aus einem Tintentank annehmen.

Ihre erste Begegnung mit Scanner und Bildbearbeitung

Los geht's

- ⇨ Im folgenden Kapitel machen Sie sich mit einer Bildbearbeitungssoftware vertraut.
- ⇨ Sie lernen, den Scanner auf zwei verschiedene Arten anzusprechen.
- ⇨ Sie lernen eine Software für den Scanner kennen.
- ⇨ Sie verstehen die Bedeutung und Funktion von TWAIN.
- ⇨ Sie lernen die Bildbearbeitungssoftware Adobe Photoshop Elements kennen.

Weiter geht's

Bravo! Sie haben sich erfolgreich mit den notwendigen technischen Grundlagen vertraut gemacht und können den zweiten Schritt wagen: mit dem Scanner arbeiten!

Sprechen Sie Ihren Scanner direkt an ...

Ihr Scanner ist an Ihren Computer angeschlossen. Dies haben Sie selbst getan oder durch einen Techniker einrichten lassen. Unmittelbar nach dem technischen Anschluss des Gerätes ist auf Ihrem Rechner eine Software installiert worden. Diese Scannersoftware befindet sich auf Ihrer Festplatte, Sie können sie über das *Start*-Menü direkt aufrufen. Das Beispiel auf den folgenden Seiten zeigt Ihnen die Software eines Canon-Scanners mit der Typenbezeichnung CanoScan D646U. Die Scannersoftware heißt in der Regel ähnlich wie der Scanner oder dessen Hersteller. Vielleicht ist die Bildschirmansicht Ihrer Scannersoftware etwas anders als das Beispiel zeigt – die Funktionen des Programms allerdings sind sicher identisch.

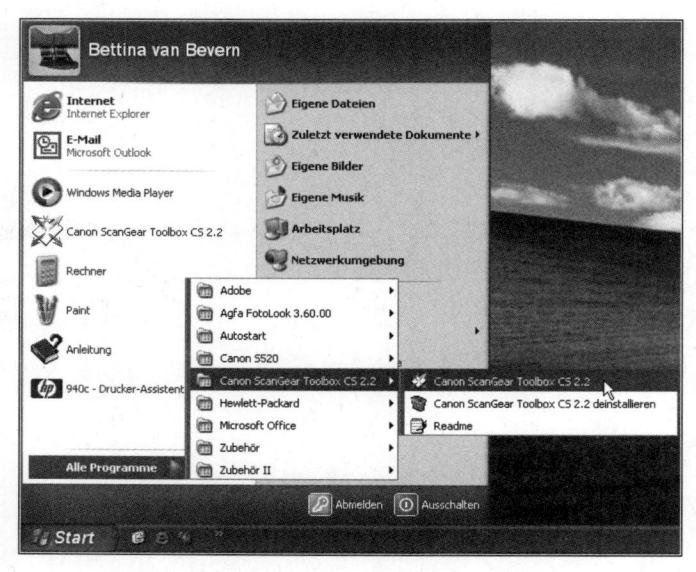

So sieht der Bildschirm bei der Verwendung eines Canon-Scanners aus.

Ihre erste Begegnung mit Scanner und Bildbearbeitung

Diese Scanner-Software erlaubt es Ihnen, rasch und direkt auf den Scanner zuzugreifen und einen Scan zu erstellen. Rufen Sie die Scannersoftware auf. Die Programmoberfläche stellt Ihnen Buttons zur Verfügung, mit denen Sie die geplante Verwendung Ihres Scans vorgeben können (Sie erinnern sich? Button – sprich: *batten* – englischer Fachausdruck für Knopf). Klicken Sie einfach den gewünschten Button an. Damit legen Sie gleichzeitig fest, ob Sie den Scan auf Ihrer Festplatte speichern oder als Fax oder per E-Mail verschicken wollen.

Bestimmen Sie die Art Ihres Scans über die soeben beschriebene Funktion, dann werden automatisch bestimmte Bildqualitäten durch das Programm erzeugt, und auch die Dateinamen werden automatisch vergeben, etwa *scan1, scan2, scan3* ... Diese Funktion dient dem Schnellzugriff auf die Leistung des Scanners. Sie ist wirklich nur dann gut geeignet, wenn Sie „schnell mal eben" ein Bild scannen, versenden oder faxen möchten. Möchten Sie allerdings ein Bild in Ihr Archiv einfügen, dieses Bild mit einem bezeichnenden Titel versehen oder noch etwas nachbearbeiten, empfiehlt sich eine andere Art der Scannerbedienung. Mehr dazu im folgenden Abschnitt!

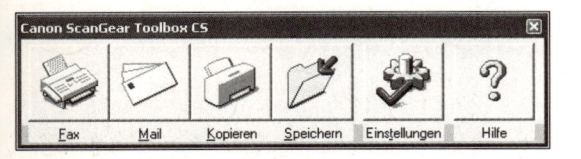

Das ist die Oberfläche der Scannersoftware bei einem Canon Scanner.

Nehmen Sie die „Schnellsoftware" Ihres Scanners nur dann, wenn es auf Schnelligkeit ankommt! Ein guter, nachvollziehbarer Scan braucht etwas mehr Vorbereitung.

RAT

Der bessere Weg: Scannen mit der TWAIN-Schnittstelle

Bei der Installation der Scannersoftware ist noch etwas geschehen: Ihr Computersystem hat eine Softwareschnittstelle erhalten. Diese Schnittstelle heißt TWAIN (sprich: *twäin*). Sie ist die universelle Verbindung Ihrer Bilderfassungshardware (dem Scanner) zu jedem Programm auf Ihrer Festplatte, welches mit Bildbearbeitungsgeräten zusammenarbeiten kann. Durch diese Schnittstelle können Sie aus dem Bildbearbeitungsprogramm direkt den Scanner ansprechen und sich das Bild in Ihr Programm hineinscannen. Ihr Bild erscheint dann gescannt auf Ihrem Bildschirm, und Sie bearbeiten es gleich, kontrollieren Format und Farbwiedergabe und speichern es am Ort Ihrer Wahl ab, mit einem eindeutigen Dateinamen versehen.

Durch diese Vorgehensweise können Sie immer nachvollziehen, mit welchen Einstellungen Sie gescannt haben. Das ist wichtig, falls Korrekturen nötig sind sowie zum Sammeln von Erfahrungen. Und Ihre Erfahrungen machen über kurz oder lang einen großen oder kleinen Pixel-Spezialisten aus Ihnen!

Die Bildbearbeitungssoftware

Es ist anzunehmen, dass Sie als Zugabe zu Ihrem Scanner eine Bildbearbeitungssoftware erhalten haben. Oft ist eine solche Zugabe in ihren Funktionen sehr begrenzt. Sind die Bearbeitungsmöglichkeiten allzu mager, macht die Software wenig Freude. Klar, dass bei Scannern in einer Preisklasse von 80 bis 120 Euro keine hochwertige Software dabei sein kann! Ein gutes Bildbearbeitungsprogramm kann bis zu 1.200 Euro kosten! Das ist der Preis für die professionelle Bildbearbeitungssoftware der Firma Adobe (sprich: *ädobi*), Photoshop 7.0. Die ist für Berufsfotografen, Druckereien und Grafikdesigner gedacht.

Sie brauchen dieses Profi-Programm nicht, um in den Genuss guter, solider Bildbearbeitung zu kommen. Die Firma Adobe hat eine „abgespeckte" Version dieser Profi-Software für Hobby-

Anwender herausgebracht. Sie heißt „Adobe Photoshop Elements" und ist als Testversion auf der CD zu diesem Buch enthalten.

Alle Scanvorgänge und die Bildbearbeitungen, die Sie im Folgenden lesen und nachvollziehen können, sind mit diesem Programm ausgeführt. Es ist nicht zwingend notwendig, dass Sie Adobe Photoshop Elements auf Ihrem Rechner installieren – jedoch zum besseren Verständnis durch Mitmachen und direktes Nachvollziehen sehr ratsam!

Möchten Sie die Testversion von der mitgelieferten CD auf Ihrem Rechner installieren, vergewissern Sie sich bitte, ob diese Software nicht eventuell bereits auf Ihrer Festplatte vorhanden ist. Einige Hersteller, z. B. Canon und Lexmark, haben die Software (Adobe – Photoshop Elements) als vollständige Version mit ihren Druckern oder Scannern geliefert. Bitte prüfen Sie dies sorgfältig!

Die Testversion von Adobe Photoshop Elements installieren

Die Wahl des Bildbearbeitungsprogramms „Adobe Photoshop Elements" für dieses Buch wurde durch die sehr positiven Erfahrungswerte vieler Kursteilnehmer und der professionellen Erfahrung der Autorin bestimmt. Das Programm ist leicht verständlich, stellt eine gute und sinnvolle Funktionsbreite bereit, ist intuitiv erfassbar – und es macht Freude!

„Testversion" bedeutet, dass Sie für einen Zeitraum von 30 Tagen diese Software kostenlos benutzen können. Sie können, begleitend zu den Beispielen in diesem Buch, Bildbearbeitungen vornehmen, speichern, scannen und vieles lernen. Sie können also das Programm testen. Adobe Photoshop Elements wird 30 Tage auf Ihrem Rechner für Sie arbeiten. Nach Ablauf dieser Frist funktioniert das Programm nicht mehr. Nun werden Sie die Software wieder deinstallieren, d.h. von Ihrer Festplatte löschen. Vielleicht möchten Sie das Programm kaufen oder aber mit einer anderen Software Ihre Bilder weiterhin bearbeiten und verwalten. Wenn

Scannen und Drucken

Sie das Programm erwerben möchten, sind im Anhang Kauftipps für Sie.

> **RAT**
> Bevor Sie mit der Installation von Adobe Photoshop Elements beginnen, schließen Sie bitte alle Programme! Anderenfalls startet die Installation unter Umständen nicht ordnungsgemäß.

Die Installation – Schritt für Schritt Win98 und WinXP

1 Legen Sie die diesem Buch beiliegende CD in Ihr CD-ROM Laufwerk ein und warten ein paar Sekunden – es öffnet sich automatisch ein Fenster. Ist dem so, machen Sie weiter mit Schritt 4.
Sollte sich nicht automatisch ein Menü für die CD öffnen, dann klicken Sie in der Task-Leiste auf *Start*, gehen Sie zu dem Arbeitsplatzsymbol im Startmenü und klicken dort einmal mit der linken Maustaste darauf. Als Windows 98-Benutzer können Sie das Arbeitsplatzsymbol auf Ihrem Desktop nehmen und darauf mit der linken Maustaste doppelklicken.

Ihre erste Begegnung mit Scanner und Bildbearbeitung

2 In Ihrem Arbeitsplatzfenster sehen Sie Ihr CD-ROM-Laufwerk mit der Bezeichnung der CD. Doppelklicken Sie hier mit Ihrer linken Maustaste auf das Laufwerkssymbol, um sich den Inhalt anzeigen zu lassen.

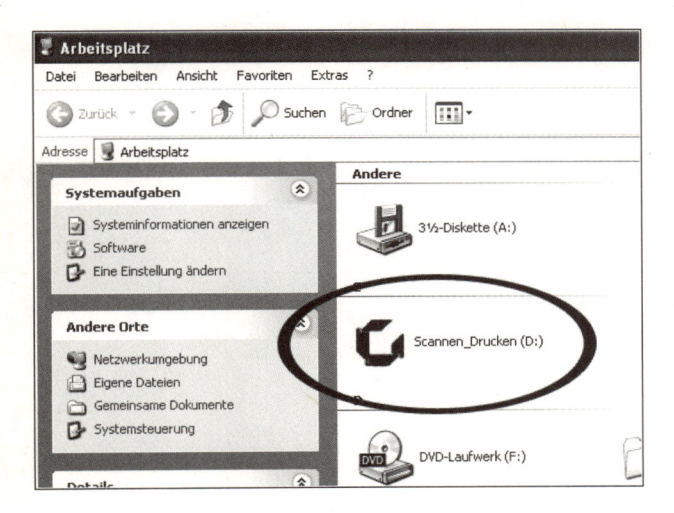

3 Nun sehen Sie den Inhalt der CD und die Datei *Start_Sybex*. Doppelklicken Sie auf das Dateisymbol, um das Navigationsmenü der CD zu öffnen.

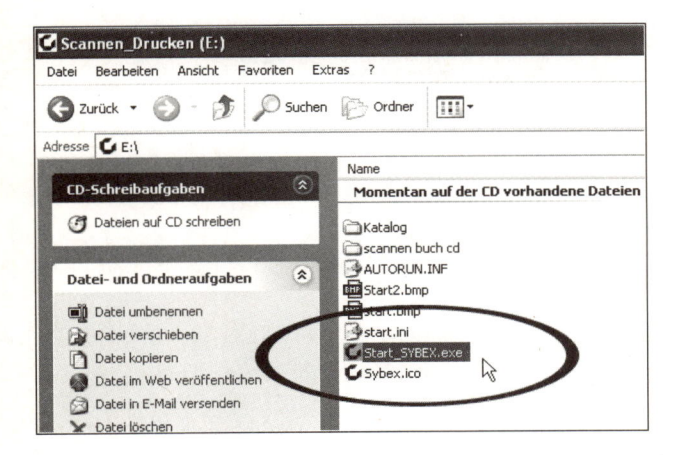

Scannen und Drucken

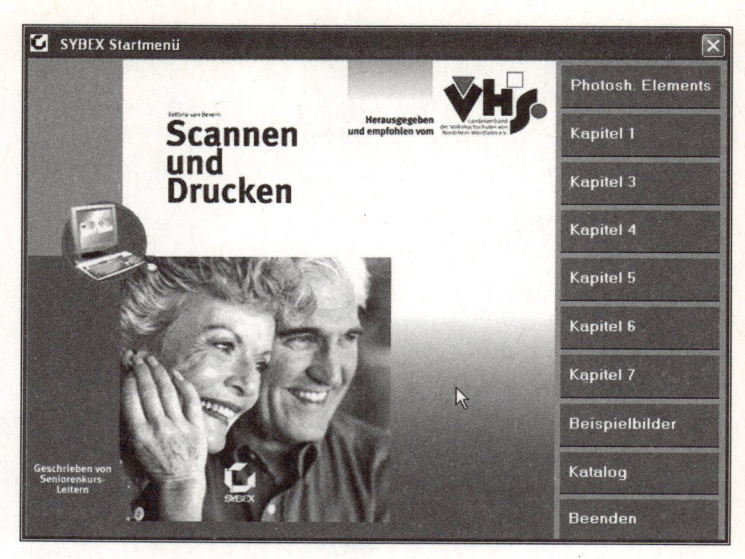

Das Navigationsmenü der CD

4 In dem Navigationsmenü der CD sehen Sie oben rechts den Button *Photosh. Elements* – zeigen Sie auf den Button und er verändert sich in *Testversion*. Klicken Sie einmal mit der linken Maustaste auf *Testversion* – die Installationsroutine von Adobe Photoshop Elements wird gestartet.

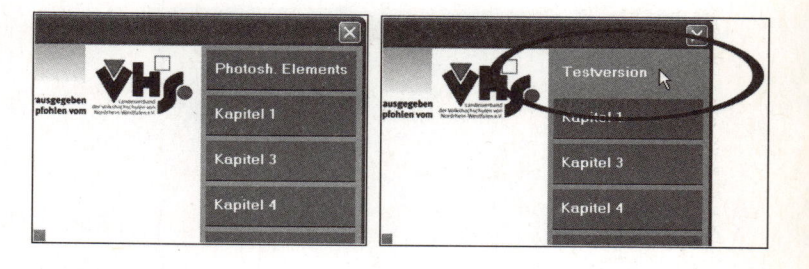

5 Je nach Geschwindigkeit Ihres Computers kann es etwas dauern, bis Sie das erste Bild der Installation sehen können. Klicken Sie mit Ihrer linken Maustaste auf den Button *Weiter*.

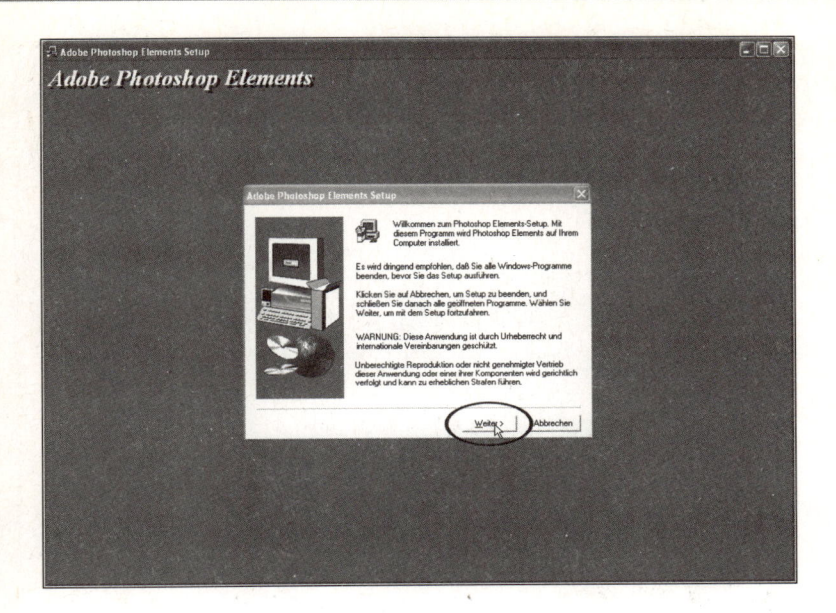

6 Wählen Sie im nächsten Fenster Ihre gewünschte Programmsprache aus (wahrscheinlich werden Sie *Deutsch* wählen). Zeigen Sie auf die Sprachbezeichnung und klicken Sie einmal mit der linken Maustaste. Die Sprache ist deutlich markiert, und Sie klicken auf den Button *Weiter*.

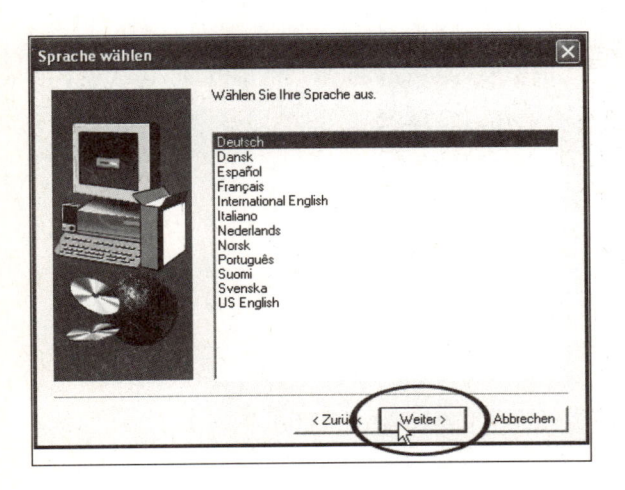

Scannen und Drucken

7 Im folgenden Installationsfenster bestätigen Sie die Lizenzbestimmung der Firma Adobe durch Klicken mit der linken Maustaste auf den Button *Akzeptieren*. Sie bestätigen dadurch, das Programm für rein private Zwecke im Rahmen dieses Lern-Buches zu verwenden.

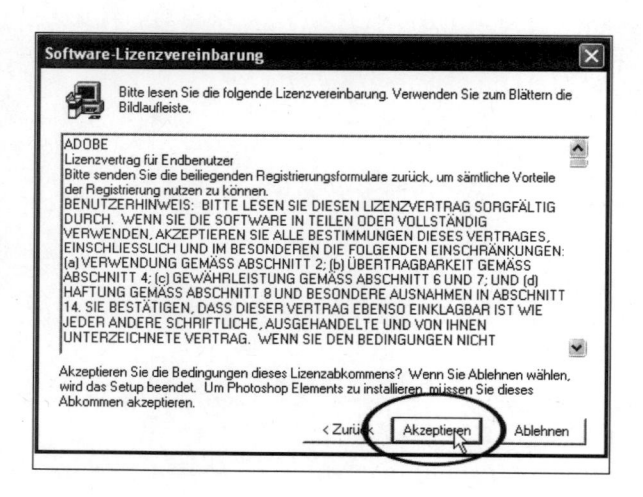

8 Als Nächstes werden Sie aufgefordert, für das Programm einen Speicherplatz anzugeben und die Art der Installation auszuwählen. Den vorgegebenen Zielordner können Sie beibehalten. Klicken Sie aber einmal mit der linken Maustaste in das runde, weiße Feld vor *Angepasst*, so dass dort ein schwarzer Punkt erscheint. Sie haben damit die Art der Installation ausgewählt. Anschließend klicken Sie auf den Button *Weiter*.

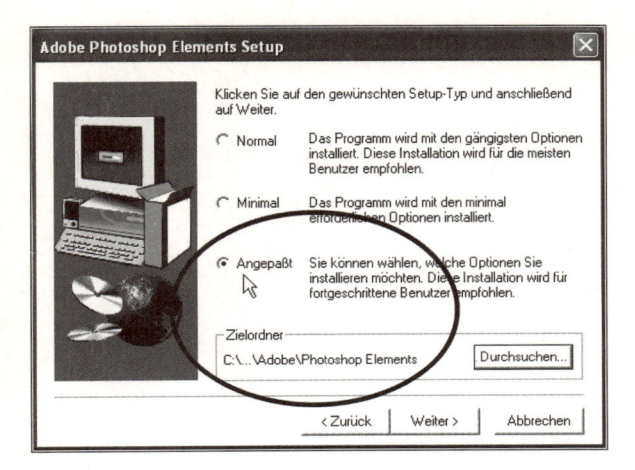

Ihre erste Begegnung mit Scanner und Bildbearbeitung

9 Bitte verändern Sie im nächsten Fenster nichts. Klicken Sie mit der linken Maustaste auf *Weiter*.

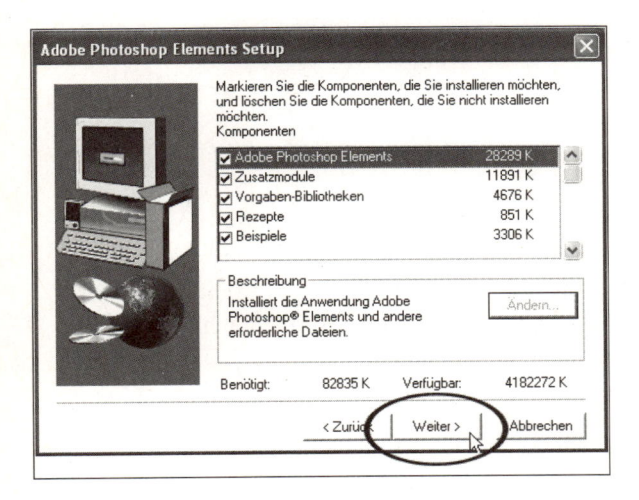

10 Dieses Fenster zeigt Ihnen die Dateiverknüpfungen an, die mit dem Programm Adobe Photoshop Elements erstellt werden. Sie können diese Verknüpfungen ändern, doch für weniger geübte Anwender ist

Scannen und Drucken

das nicht ratsam. Klicken Sie einfach mit der linken Maustaste auf den Button *Weiter*.

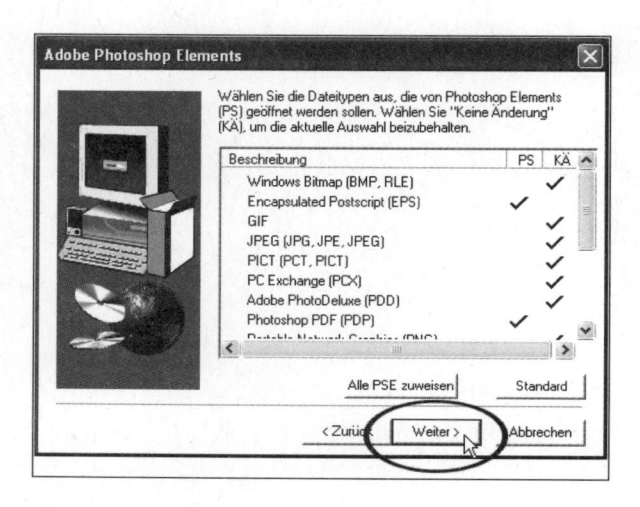

11 Hier sehen Sie eine Übersicht über die Aktivitäten der Installationsroutine von Adobe Photoshop Elements. Bitte klicken Sie auf den Button *Weiter*.

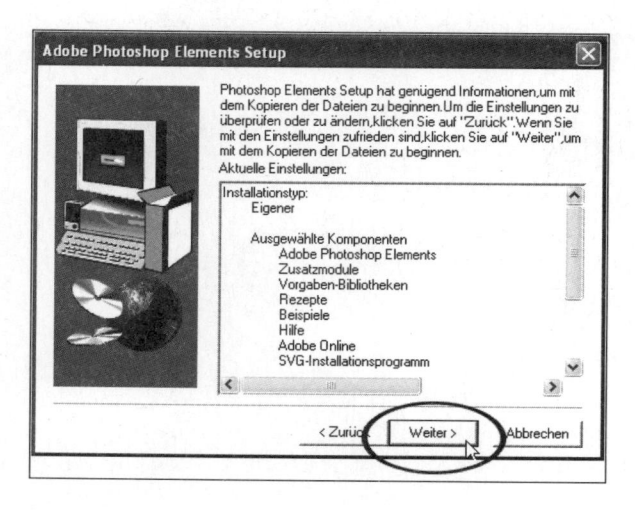

Ihre erste Begegnung mit Scanner und Bildbearbeitung

12 Sie brauchen jetzt ein wenig Geduld. Das Übertragen der Programmdateien von der CD auf Ihre Festplatte beginnt, und Sie sehen nach und nach verschiedene Anzeigen.

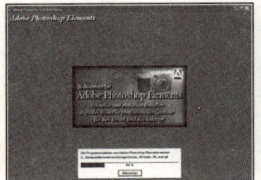

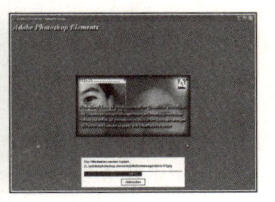

13 Nach dem Übertragen der Dateien bietet das Programm Ihnen an, die *Bitte lesen*-Datei zu lesen. Hier werden allerletzte Änderungen oder technische Einzelheiten des Programms Adobe Photoshop Elements beschrieben. Durch einen Klick mit der linken Maustaste auf den Button *Beenden* wird das Programm Word Pad gestartet und die *Bitte lesen*-Datei angezeigt.

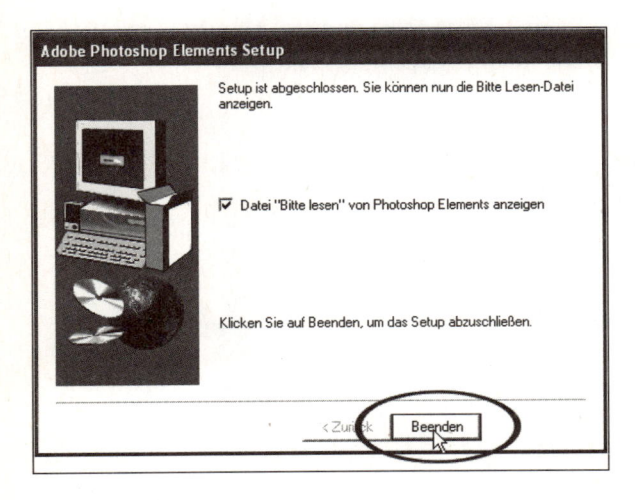

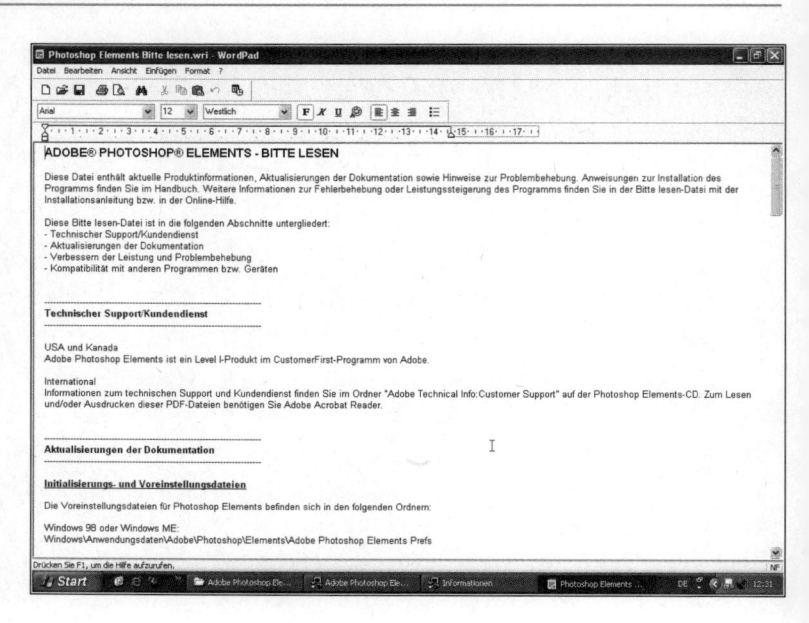

Scannen und Drucken

14 Es ist nicht unbedingt notwendig, dass Sie den vollständigen Text lesen. Sie können die Datei immer noch später aus dem Programmordner Ihrer Festplatte öffnen. Schließen Sie das Programm Word Pad, indem Sie das „X" in der oberen, rechten Ecke des Fensters anklicken. Sie kehren dann zum letzten Fenster der Adobe Photoshop Elements-Installation zurück.

15 Durch einen Klick mit der linken Maustaste auf den Button *OK* ist die Installation für Windows XP-Benutzer abgeschlossen. Benutzen Sie Windows 98, müssen Sie Ihr Computersystem komplett neu starten. Dazu klicken Sie mit der linken Maustaste auf den Button *Beenden*.

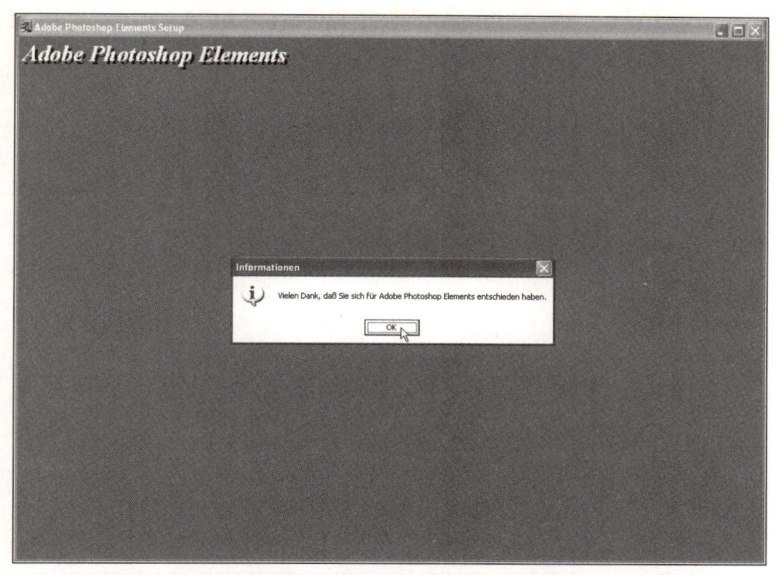

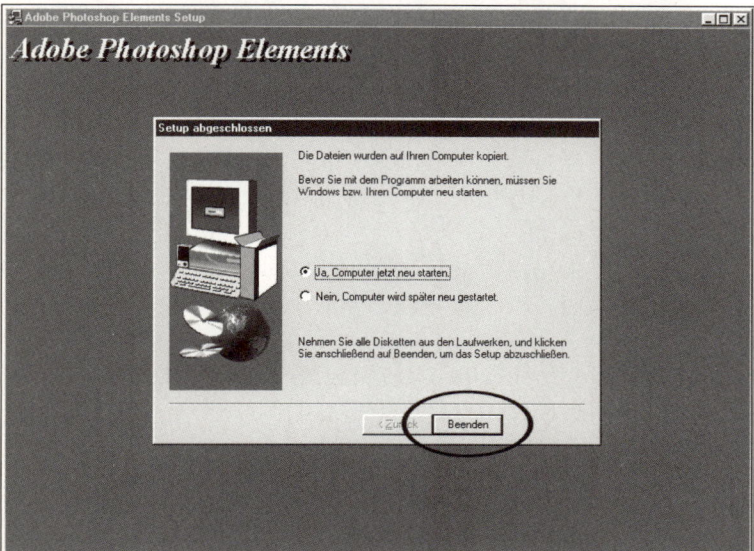

Ihre erste Begegnung mit Scanner und Bildbearbeitung

Windows 98-Anwender klicken auf den Button *Beenden*, um den Computer neu zu starten.

Scannen und Drucken

16 Benutzen Sie Windows XP, dann ist das Fenster Ihres Arbeitsplatzes noch geöffnet. Schließen Sie auch das bitte mit dem „X" oben rechts, genau wie eventuell andere noch offene Fenster.

17 Als Windows 98-Benutzer warten Sie bitte, bis Ihr System wieder gestartet ist.

18 Hurra! Es ist getan: Adobe Photoshop Elements ist auf Ihrem Rechner installiert und wartet darauf, von Ihnen gestartet und genutzt zu werden.

Das Programm Adobe Photoshop Elements starten

Starten Sie nun bitte Adobe Photoshop Elements. Das geht so:

1 Klicken Sie mit Ihrer linken Maustaste auf das Wort *Start* in Ihrer Task-Leiste. Das *Start*-Menü klappt auf.

2 Zeigen Sie mit Ihrem Mauszeiger auf *Alle Programme* (*Programme* bei Windows 98), folgen Sie dem Balken nach rechts in das neue Menü, bewegen Sie Ihren Mauszeiger auf das Wort *Adobe*.

3 Ist das Wort *Adobe* markiert, klappt ein neues Menü auf, in dem *Photoshop Elements* steht. Bewegen Sie Ihren Mauszeiger auf den Schriftzug und klicken Sie im nun aufklappenden Menü einmal mit der linken Maustaste auf das Programmsymbol *Adobe Photoshop Elements*.

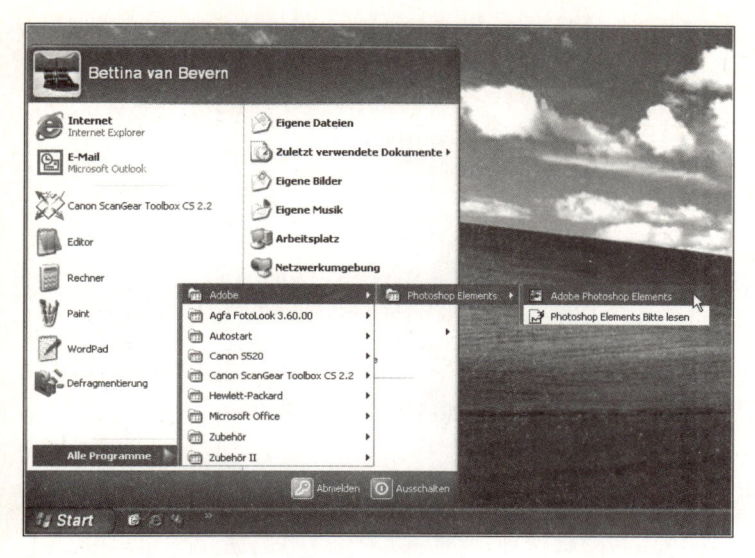

Ihre erste Begegnung mit Scanner und Bildbearbeitung

Der Weg zum Start von Adobe Photoshop Elements mit Windows XP

4 Es erscheint eine Bildschirmansicht, in der Sie darauf hingewiesen werden, wie lange Sie noch Ihre kostenlose Testversion verwenden können. Klicken Sie bitte mit der linken Maustaste auf den Button *Testversion*.

5 Voilà – Das Programm Adobe Photoshop Elements ist gestartet.

Zur Orientierung – die Programmoberfläche von Adobe Photoshop Elements

Damit Sie die nächsten Kapitel leicht verstehen, machen Sie sich zunächst mit der Programmoberfläche von Adobe Photoshop Elements vertraut:

Der Willkommensbildschirm von Adobe Photoshop Elements

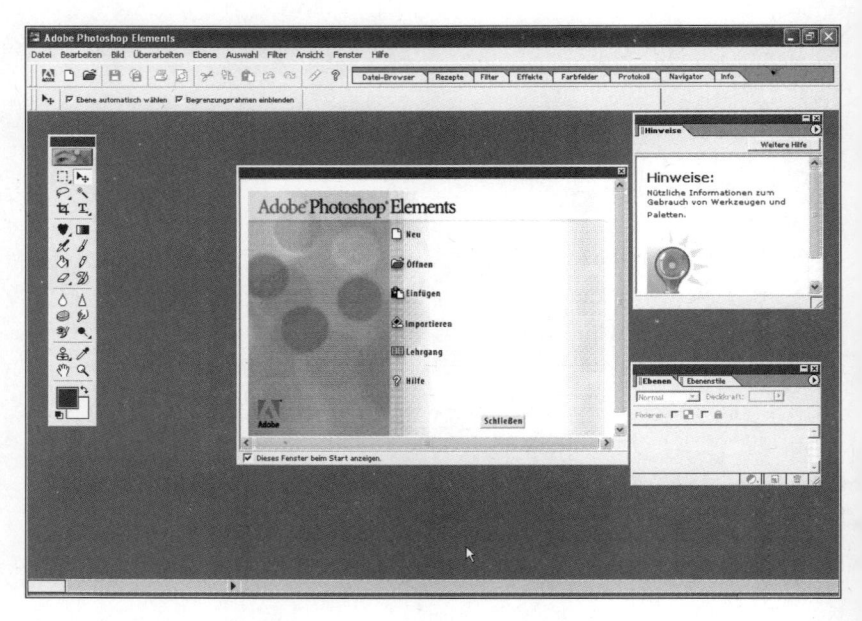

Das sehen Sie nach dem Start des Programms auf Ihren Bildschirm.

Das Schnellstartfenster

Gerade weniger geübte PC-Anwender werden dieses Fenster mögen! Von hier aus kommen Sie mit Hilfe der einfachen Arbeitsbefehle sehr schnell zum Ziel: Sie können eine neue Datei erstellen, schnell eine vorhandene Datei öffnen oder einen Bildschirmlehrgang durch das Programm ansehen. Der Lehrgang empfiehlt sich, wenn Sie alles über das Programm wissen wollen – allerdings

Ihre erste Begegnung mit Scanner und Bildbearbeitung

erfordert er einige Zeit und ist damit nichts für „zwischendurch"! Sie müssen den Lehrgang nicht in einem Stück ablaufen lassen. Sie können einen Teil betrachten und später „wiederkommen".

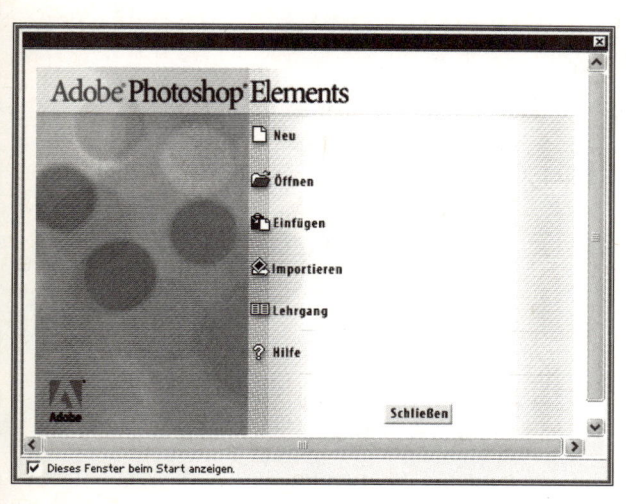

Das Schnellstartfenster bietet verschiedene Auswahlmöglichkeiten.

Auf Dauer, und vor allem dann, wenn Ihnen die Arbeit mit dem Programm bereits geläufig ist, kann das Schnellstartfenster störend wirken. Wollen Sie es in Zukunft bei Programmstart nicht mehr sehen, dann können Sie es abschalten. Und zwar unten links in dem Fenster:

Das Häkchen mit der linken Maustaste einmal anklicken, und das Schnellstartfenster erscheint nicht mehr!

Scannen und Drucken

Und so schalten Sie es wieder ein:

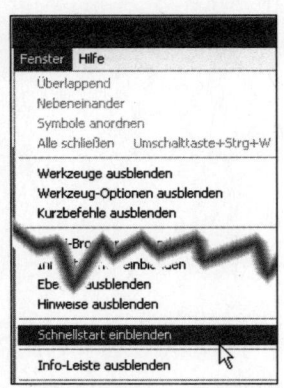

In der Menüleiste unter *Fenster* können Sie das Schnellstartfenster wieder einschalten.

Die Menüleiste

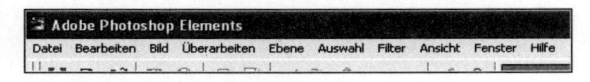

Die Menüleiste von Adobe Photoshop Elements

In der Menüleiste finden Sie alle Funktionen des Programms. Hinter jeder Bezeichnung bzw. jedem Oberbegriff verbergen sich Arbeitsschritte, die Sie auswählen können, oder aber Anweisungen an das Programm. Drei Menüpunkte, die Sie häufig verwenden werden, sind *Datei*, *Bild* und *Überarbeiten*.

Die Symbolleiste mit Registerkarten

Die Symbolleiste mit den verschiedenen Registerkarten

In den Symbolleisten finden Sie Buttons mit Symbolen für bestimmte Arbeitsschritte. Durch die Symbolknöpfe erledigen Sie

Ihre erste Begegnung mit Scanner und Bildbearbeitung

einen Arbeitsschritt wie z. B. *Datei speichern* schneller als durch den Aufruf der Funktion über die Menüleiste *Datei*.

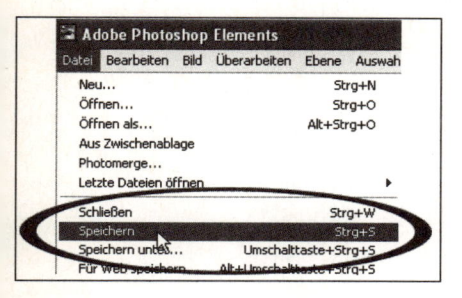

Der lange Weg zur Speicherung einer Datei über die Menüleiste

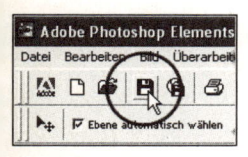

Der kurze Weg über den Symbolknopf *Speichern* in der Symbolleiste

Die Registerleiste ist eine weitere, raffinierte Art, verschiedene Arbeitsoptionen in einem Programmfenster zu organisieren. Sie wird auch Palettenraum genannt. Durch Klicken mit der linken Maustaste auf ein Register, wie im Beispiel auf *Effekte*, klappt das Register auf und gibt neue Möglichkeiten von Arbeitsschritten frei.

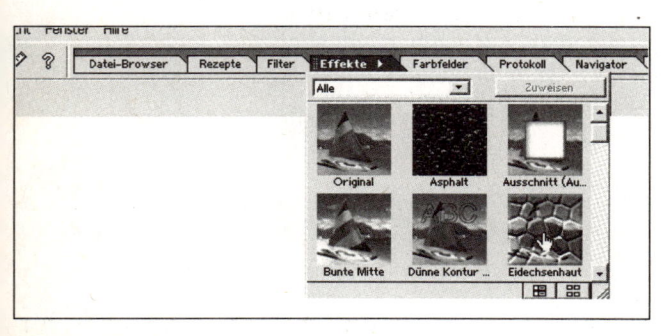

Die aufgeklappte Registerkarte *Effekte*

51

Scannen und Drucken

Wie Sie mit dem Angebot aus der Registerkarte *Effekte* arbeiten können, wird zu einem späteren Zeitpunkt erläutert! Das Angebot sieht doch wirklich spannend aus, oder?

Die Optionsleiste

Die Optionsleiste ist eine wichtige Anzeige, auf der Sie die Einstellungen des jeweils verwendeten Werkzeuges sehen. Sie erkennen hier z. B., ob Ihre Werkzeugspitze rund oder quadratisch geformt ist. Zunächst ist in der Optionsleiste nicht viel zu sehen, denn Sie haben noch kein spezielles Werkzeug ausgewählt. Das Aussehen der Optionsleiste verändert sich mit der Auswahl eines Werkzeuges. Nutzen Sie bitte die Optionsleiste zum Einstellen Ihrer Werkzeuge.

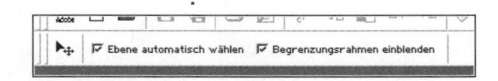

Die anfängliche Optionsleiste

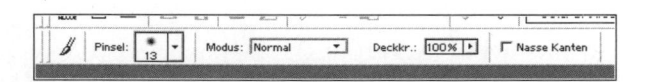

Die Optionsleiste bei Verwendung des Werkzeugs *Pinsel*

Die Werkzeugleiste

In der Werkzeugleiste (Englisch: Toolbox, sprich: *tuhlbox*) finden Sie alle Werkzeuge, die Sie für die Bearbeitung eines Bildes durch das Programm zur Verfügung haben. Bitte haben Sie noch etwas Geduld – einige Werkzeuge werden Sie später ausprobieren!

Die Werkzeugleiste ist frei verschiebbar. Bewegen Sie Ihren Mauszeiger auf den blauen Balken oben in der Leiste und halten Sie bitte die linke Maustaste gedrückt: Nun verschieben Sie durch die Bewegung der Maus die ganze Leiste. Lassen Sie die Maustaste wieder los, verbleibt die Werkzeugleiste an dem neuen Ort auf dem Bildschirm.

Ihre erste Begegnung mit Scanner und Bildbearbeitung

Die Werkzeugleiste 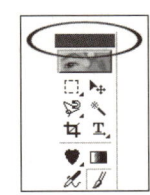   Hier können Sie die Leiste verschieben

Die Palettenfenster

Die Palettenfenster zeigen Ihnen weitere Werkzeuge und Bildoptionen. In Palettenfenstern lesen Sie z. B. Hinweise und Informationen zu Ihrem Bild ab oder Sie stellen ausgefallene Bildverzerrungen ein. Palettenfenster sind wie die Werkzeugleiste an dem blauen Balken frei verschiebbar.

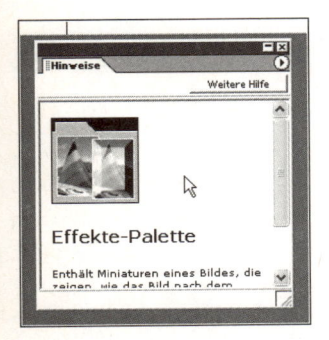

Das *Hinweise*-Palettenfenster, in dem zusätzliche, nützliche Informationen von Werkzeugen oder auch Bildfiltern stehen.

Nun haben Sie sich etwas mit der Programmoberfläche vertraut gemacht. Einzelheiten über Werkzeuge und Effekte erfahren Sie in den folgenden Kapiteln. Sind Sie schon gespannt?

Zur Erinnerung

⇨ Mit jedem Scanner wird in der Regel eine Scannersoftware und eine Bildbearbeitungssoftware geliefert.

⇨ Die Scannersoftware dient nur dem Schnellzugriff auf die Funktionen des Scanners und eignet sich nicht zur soliden Bilderfassung.

⇨ Durch die TWAIN-Schnittstelle können Sie direkt in einer Bildbearbeitungssoftware Bilder scannen, diese dort bearbeiten und unter selbst gewählten Volltext-Dateinamen speichern.

⇨ Das Arbeiten mit der TWAIN Schnittstelle und einer Bildbearbeitungssoftware ist der bessere Weg zur Bilderfassung.

⇨ Adobe Photoshop Elements ist eine Bildbearbeitungssoftware, die von einem bekannten Hersteller speziell für Hobbyanwender entwickelt wurde.

⇨ Die Programmoberfläche von Adobe Photoshop Elements ist durch verschiedene Fenster, Register und Leisten in einzelne Arbeitsbereiche gegliedert.

Der erste Scan

Los geht's

⇨ In diesem Kapitel erstellen Sie Ihre ersten Scans und wenden Ihr Wissen über Pixel und Auflösung an.

⇨ Sie verstehen, was der Begriff „importieren" für Ihren Scanner bedeutet.

⇨ Sie lernen die verschiedenen Einstellungsmöglichkeiten Ihres Scanners kennen.

⇨ Sie scannen ein Bild für ein digitales Fotoalbum.

⇨ Sie scannen ein Bild für das Versenden via E-Mail.

⇨ Sie unterscheiden verschiedene Arten von Vorlagen, die auf den Scanner gelegt werden können.

⇨ Sie lernen unterschiedliche Möglichkeiten des Speicherns digitaler Bilddaten kennen.

⇨ Sie erhalten nützliche Tipps für das „entspannte" Scannen.

Wie im Handelsgeschäft: „importieren"!

Sie wissen bereits, dass Sie durch Ihr Bildbearbeitungsprogramm Ihren Scanner ansprechen können. Das wurde im Kapitel über die TWAIN-Schnittstelle dargestellt.

Das „Hereinholen" von Bildern mit einem Scanner in ein Programm wird *importieren* genannt. Sie finden diesen Begriff in der Menüleiste des Programms unter dem Menüpunkt *Datei*. Haben Sie Ihr Programm Adobe Photoshop Elements schon geöffnet? Bitte starten Sie es jetzt, so, wie es im vorigen Kapitel: *Ihre erste Begegnung mit Scanner und Bildbearbeitung* beschrieben wurde.

Scannen leicht gemacht – mit Elements!

1 Bewegen Sie Ihren Mauszeiger nach oben links auf den Menüpunkt *Datei* und klicken Sie einmal mit der linken Maustaste auf das Wort *Datei*. Das *Datei*-Menü öffnet sich.

Der erste Scan

2 Bewegen Sie Ihren Mauszeiger auf das Wort *Importieren*. Ein Untermenü öffnet sich, in dem Sie die Bezeichnung Ihres Scanners oder der Scannersoftware finden. In diesem Beispiel ist ein Canon-Scanner angegeben. Klicken Sie einmal mit der linken Maustaste, während Sie auf den Namen Ihres Scanners zeigen.

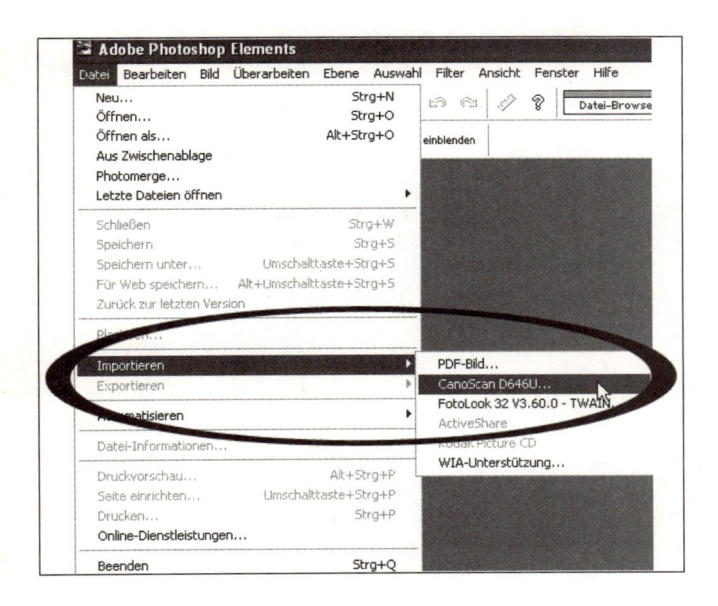

3 Die Scannersoftware wird gestartet, und Sie können auf Ihren Scanner zugreifen. Adobe Photoshop Elements bleibt automatisch weiterhin geöffnet und rückt in den Hintergrund. Im Vordergrund sehen Sie die Scannersoftware.

57

Scannen und Drucken

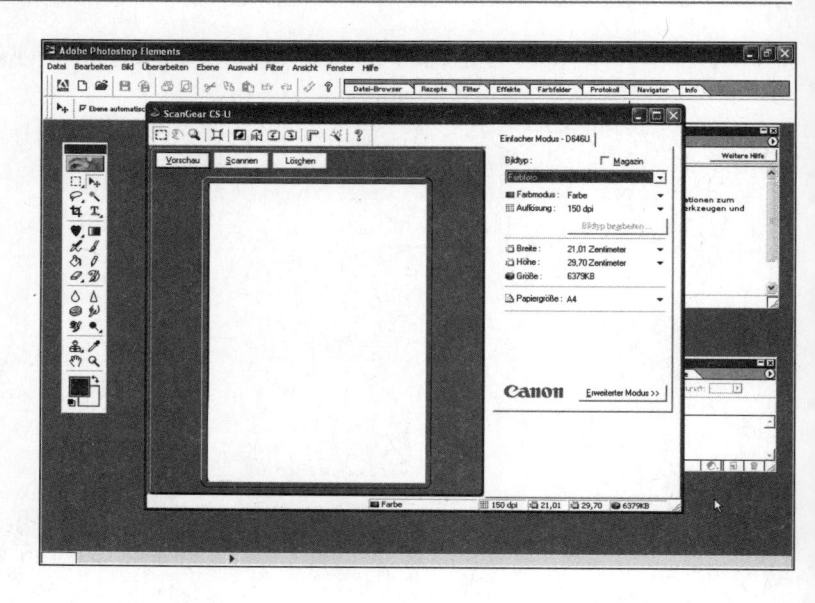

Egal, welchen Scanner Sie verwenden: Die zugehörige Software wird immer über den Befehl *Importieren* gestartet, wie oben in der Schritt-für-Schritt-Anleitung dargestellt. Lediglich die Software selbst ist unterschiedlich, denn jeder Hersteller gestaltet sein Programm individuell. In diesem Buch wird anhand eines Canon-Scanners exemplarisch gezeigt, wie Sie mit Ihrer Scannersoftware arbeiten. Wenn Sie einen AGFA Scanner besitzen, kann die Scannersoftware aber zum Beispiel auch wie in der Abbildung auf der nächsten Seite oben aussehen.

Wie auch immer die Software aussehen mag: Das Scannen verläuft in fast jedem Programm gleich. Zunächst erstellen Sie eine Vorschau zur Ansicht der Vorlage, die auf dem Scannerglas liegt. Danach wählen Sie mit Ihrem Mauszeiger den zu scannenden Bereich aus, damit Ihr Scanner „weiß", wo er arbeiten soll.

Sie stellen die Auflösung und die Größe (bezogen auf die Bildfläche) des Scans ein. Soll die digitale Vorlage dieselben Maße (Länge x Breite) erhalten wie der Abzug, der auf Ihrem Scannerglas liegt, so stellen Sie als Größe 100 % ein. Beim Scan eines Farbfotos für Ihr digitales Fotoalbum gehen Sie dann folgendermaßen vor:

Der erste Scan

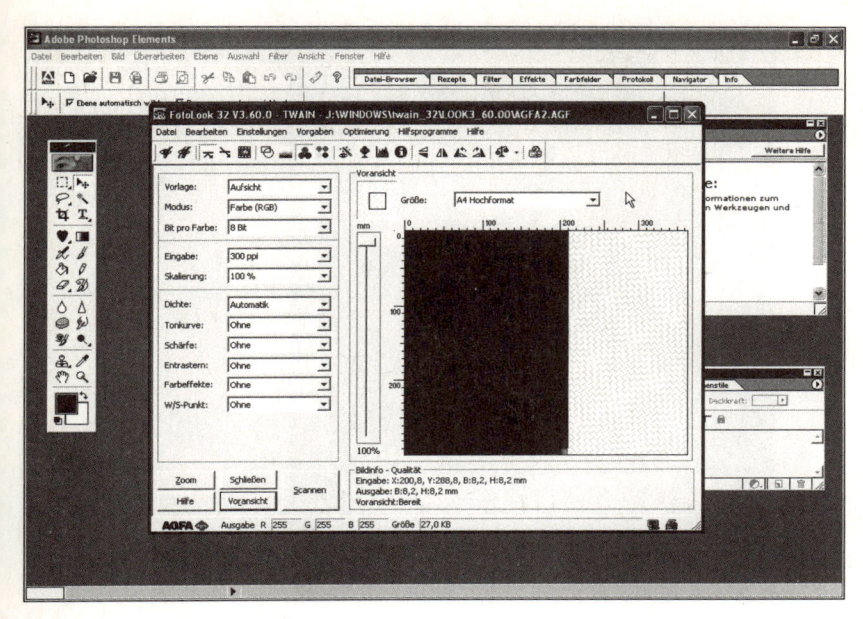

Die gestartete Scannersoftware für einen AGFA-Scanner

Schritt für Schritt – ein Scan für das Fotoalbum

1 Rufen Sie die Scannersoftware auf, wie oben Schritt für Schritt erläutert!

2 Legen Sie Ihr Farbfoto auf das Glas des Scanners und erstellen Sie eine Vorschau, indem Sie den Button *Vorschau* klicken. Kurz darauf sehen Sie auf dem Bildschirm die Vorschau Ihres Fotos:

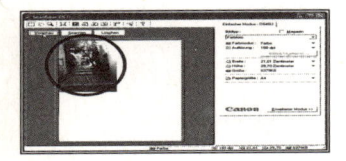

Scannen und Drucken

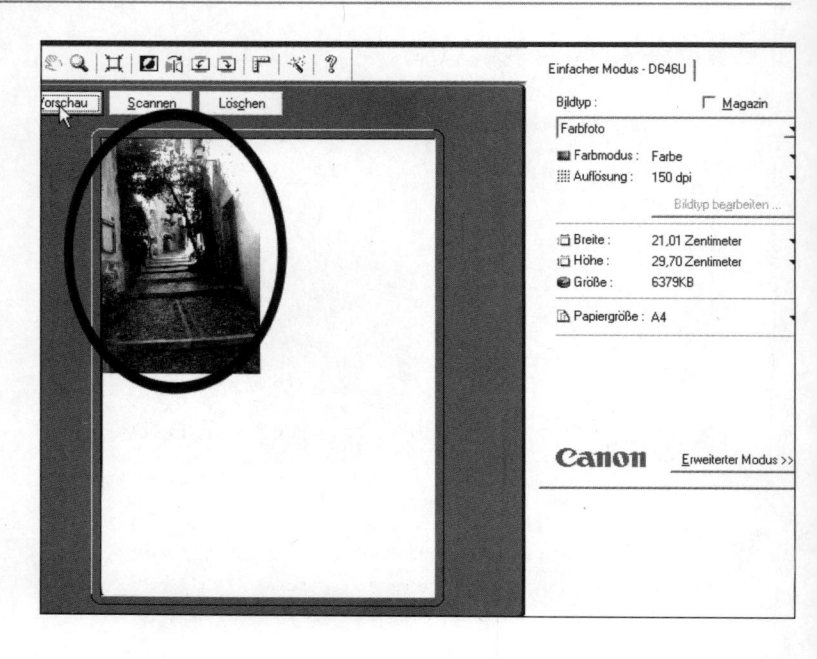

3 Auf dem Bildschirm sehen Sie das Scannerglas in voller Größe und Ihr Foto, das nur etwa ein Viertel der Fläche bedeckt. Da Sie lediglich Ihr Foto einscannen möchten, ziehen Sie nun einen Auswahlrahmen um das Bild. Damit zeigen Sie Ihrem Scanner den Bereich, den er bearbeiten soll – das kann Ihr Scanner nämlich nicht „sehen"! Führen Sie den Mauszeiger – Sie sehen, er ist zu einem Fadenkreuz geworden! – an eine Ecke des Fotos, halten Sie die linke Maustaste gedrückt und gehen Sie mit gedrückter Maustaste zur gegenüberliegenden Ecke des Fotos. Dort lassen Sie die Maustaste los. Wenn Sie nicht das ganze Foto scannen möchten, sondern nur einen Ausschnitt davon, so ziehen Sie den Auswahlrahmen nur um den gewünschten Ausschnitt.

Der erste Scan

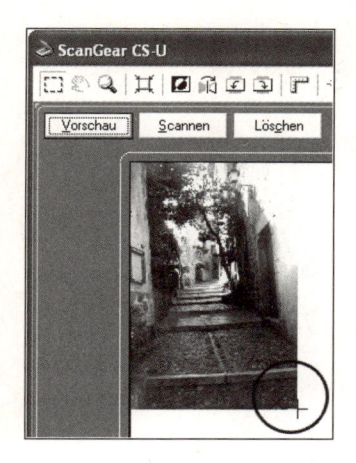

> Manche Scanner, insbesondere von HP, versuchen allerdings schon selbstständig, den Scanbereich einzugrenzen. Sie müssen in diesem Fall die Vorschläge der Scannersoftware nur noch korrigieren – oder das Bild neu einlegen, wenn der gewünschte Ausschnitt gar nicht angezeigt wird..

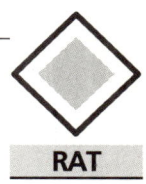

RAT

4 Den Auswahlrahmen, den Sie um das Foto herum gelegt haben, können Sie verkleinern, verschieben, vergrößern. Um einen bereits gezogenen Auswahlrahmen zu verändern, gehen Sie mit dem Mauszeiger auf eines der kleinen schwarzen Quadrate in der Rahmenkontur. Hier erscheint ein schwarzer Doppelpfeil. Sie sehen den Doppelpfeil? Halten Sie die linke Maustaste gedrückt und bewegen Sie die Maus. Der Rahmen wird größer oder kleiner. Lassen Sie die Maustaste los, bleibt der Rahmen so.

Scannen und Drucken

> **RAT** Manche Scannersoftware zeigt keine schwarzen Quadrate auf dem Rahmen an. Aber auch hier wird der Mauszeiger zum Doppelpfeil, sobald er den Rahmen berührt. Dann können Sie die Größe des Rahmens verändern.

5 In der Bildtypliste der Canon-Scannersoftware wählen Sie *Farbfoto fein* aus. Das ist die Scannervoreinstellung, die Sie für ein Fotoalbum brauchen. Klicken Sie dazu einmal mit der linken Maustaste auf das kleine, schwarze Dreieck rechts neben der Liste. Eine Auswahl klappt aus, und Sie können *Farbfoto fein* mit der linken Maustaste anwählen.

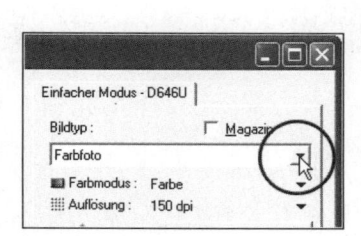

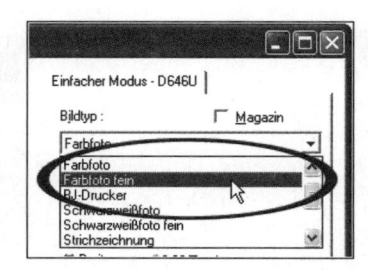

Der erste Scan

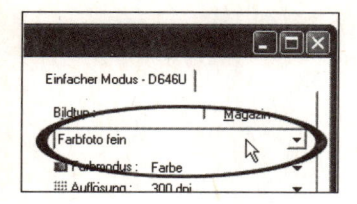

6 Folgende Einstellungen gelten jetzt für Ihren Scan:

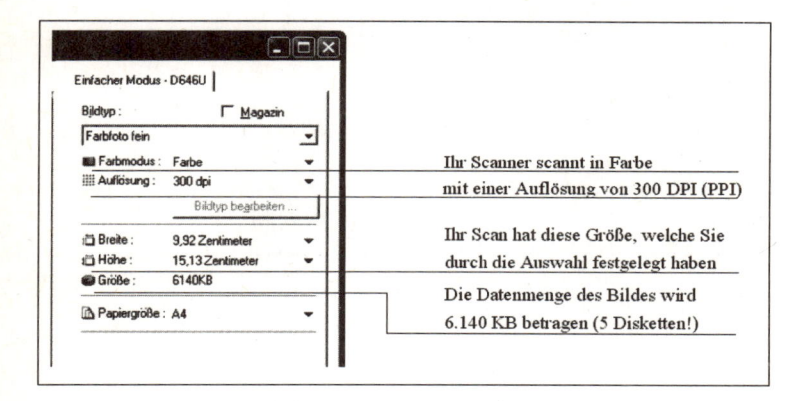

Ihr Scanner scannt in Farbe
mit einer Auflösung von 300 DPI (PPI)

Ihr Scan hat diese Größe, welche Sie
durch die Auswahl festgelegt haben

Die Datenmenge des Bildes wird
6.140 KB betragen (5 Disketten!)

7 Nachdem Sie die Einstellungen des Scans überprüft haben, klicken Sie mit der linken Maustaste auf den Button *Scannen*, während Ihr Mauszeiger darauf zeigt. Der Scanvorgang wird gestartet, Sie hören die Aktivität Ihres Scanners und müssen ein wenig warten, bis der Scanvorgang abgeschlossen ist. Manchmal müssen Sie etwas länger warten, wenn der Scanner vor dem Scan seine Lampe testet.

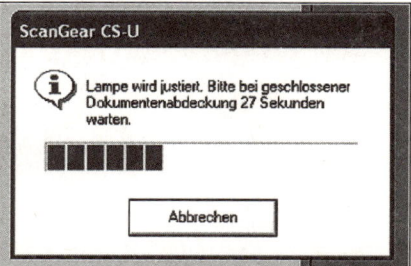

63

Scannen und Drucken

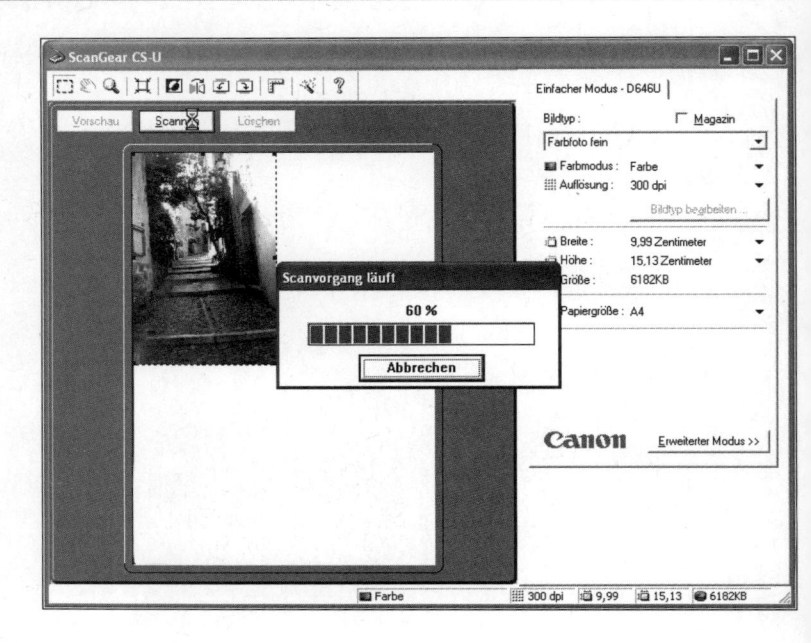

8 Ist das Scannen abgeschlossen, sehen Sie auf Ihrem Bildschirm immer noch das Fenster der Scannersoftware. Schließen Sie das Fenster mit dem „X" in der oberen, rechten Ecke. Sie kehren zu dem Programm Adobe Photoshop Elements zurück.

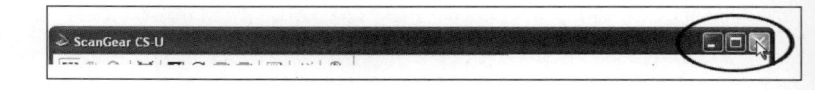

9 Das gescannte Bild wird in einem eigenen Fenster in Adobe Photoshop Elements angezeigt. Speichern Sie das Bild gleich! Andernfalls kann es beim Schließen des Programms Adobe Photoshop Elements verloren gehen.

Der erste Scan

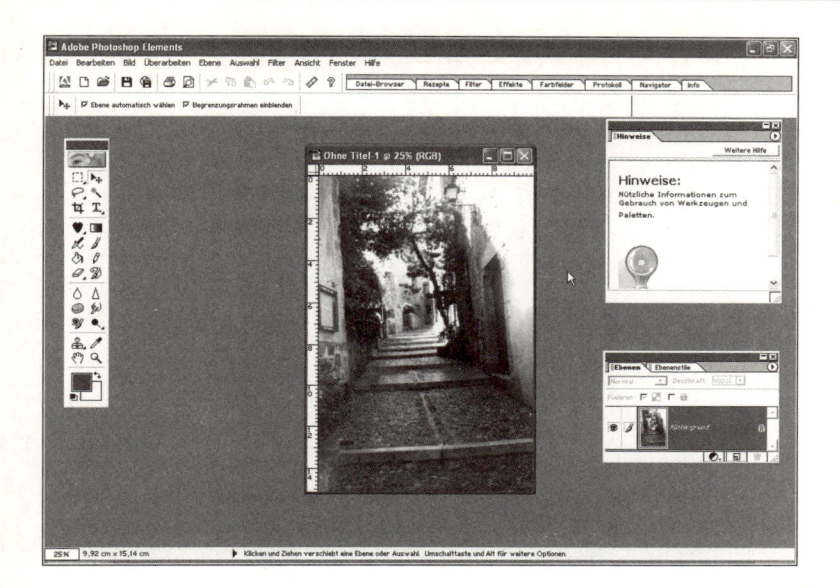

10 Zum Speichern des Bildes führen Sie Ihren Mauszeiger auf das Diskettensymbol für *Speichern* in der Symbolleiste und klicken einmal mit der linken Maustaste darauf.

11 Das Fenster *Speichern unter* öffnet sich. In diesem Fenster sind Sie gefordert, drei grundlegende Dinge festzulegen:
1. den Ort, wohin die Datei gespeichert werden soll;
2. den Dateinamen, den Ihr Bild erhalten soll;
3. den Dateityp, den Sie erzeugen möchten.

Scannen und Drucken

Hier bestimmen Sie den Speicherort für die Datei

Hier bestimmen Sie den Namen der Datei

Hier bestimmen Sie den Dateityp des Bildes

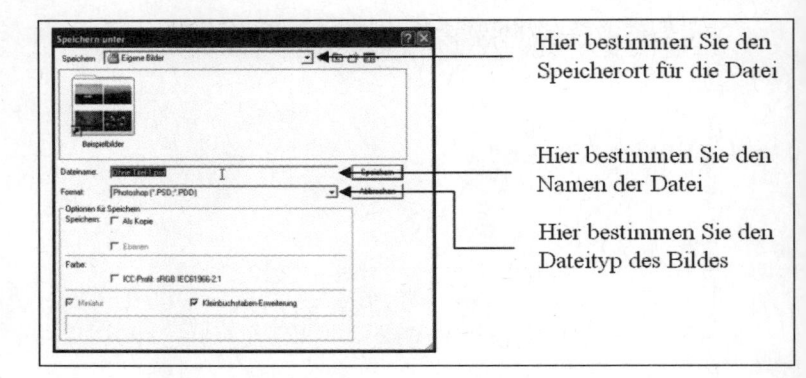

12 Belassen Sie ruhig den Ordner *Eigene Bilder* als Speicherort. Geben Sie einen Dateinamen an. Denken Sie daran, einen Dateinamen zu wählen, der kurz und prägnant auf den Inhalt des Fotos hinweist. In dem Beispiel ist es der Dateiname *urlaub-kreta-3*.

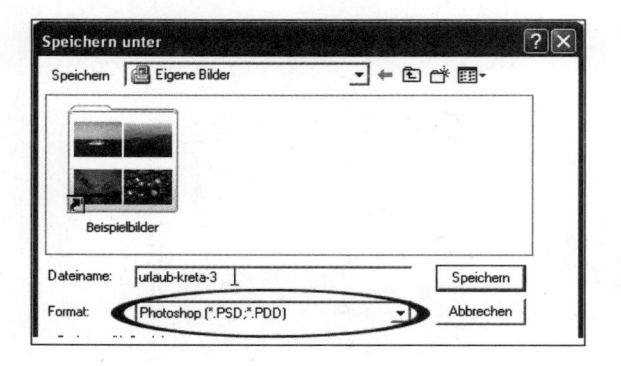

13 Nun bestimmen Sie den Dateityp. Sie erinnern sich: Sie sind dabei, ein digitales Fotoalbum anzulegen. Zu diesem Zweck wählen Sie den Dateityp TIFF (TIF) aus. Klicken Sie dazu mit der linken Maustaste auf das kleine schwarze Dreieck neben der Zeile *Format*. Eine Liste klappt auf:

Der erste Scan

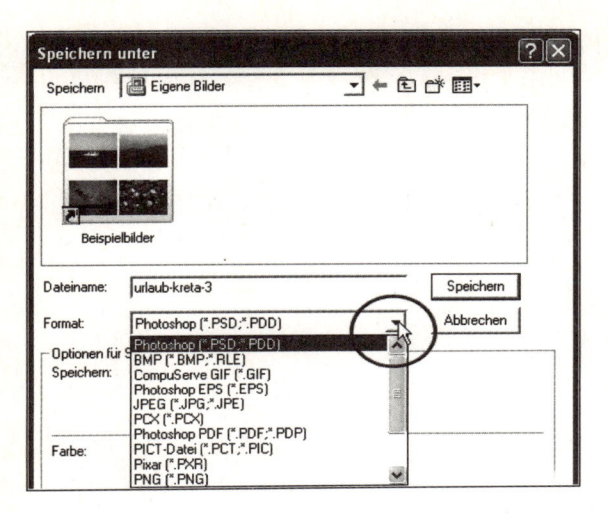

14 Die Option TIFF finden Sie in dieser Liste ganz unten. Scrollen Sie mit der Bildlaufleiste bis zu der gewünschten Zeile und wählen Sie per Klick mit der linken Maustaste die Option TIFF aus.

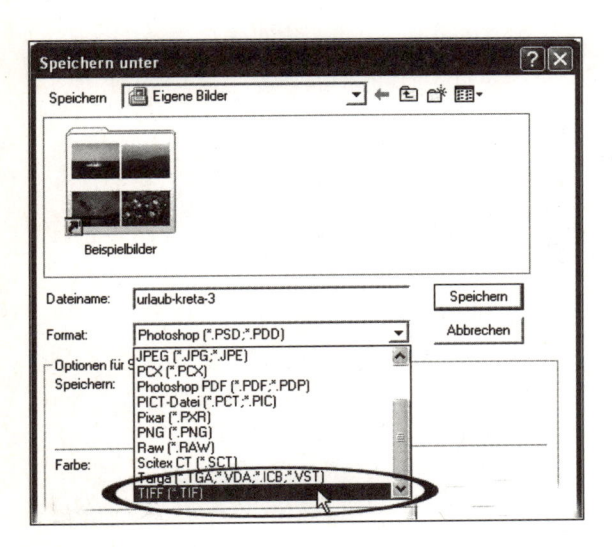

Scannen und Drucken

15 Bevor Sie endgültig mit der linken Maustaste auf den Knopf *Speichern* klicken, werfen Sie noch einen prüfenden Blick auf Ihre Einstellungen.

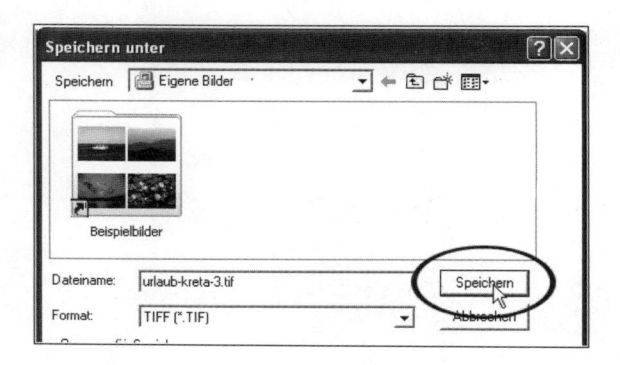

16 Nach Ihrem Klick auf *Speichern* verschwindet das Fenster, und es erscheint ein neues, in dem Sie gefragt werden, ob Sie das Bild für einen IBM-kompatiblen Computer speichern wollen oder für einen Macintosh. Achten Sie darauf, dass bei „IBM PC" ein kleiner, schwarzer Punkt zu sehen ist, und klicken Sie mit der linken Maustaste auf *OK*.

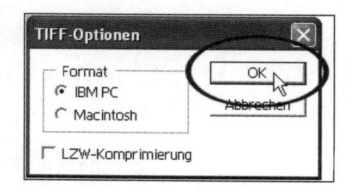

17 Das Bild ist nun gespeichert. Sie sehen es wieder auf Ihrem Bildschirm. In der Titelleiste des Fensters mit Ihrem Bild steht der von Ihnen vergebene Dateiname. Daran erkennen Sie, dass Sie erfolgreich gespeichert haben.

Hurra! – Scan und Speicherung sind erfolgreich abgeschlossen. Das Beste ist es, nun gleich zwei oder drei weitere Fotos einzuscannen, um Ihre neuen Fertigkeiten zu erproben.

Sollten Sie bei Ihrer Scannersoftware andere Einstellungsmöglichkeiten als die gezeigten vorfinden, dann achten Sie darauf, dass bei den DPI-(PPI-)Einstellungen 250–300 DPI stehen und Sie im Farbmodus scannen. Dieser Wert ist für ein Bild eines digitalen Fotoalbums am Besten.

Ein Scan für die Post – als E-Mail-Anhang

Der Scanvorgang erfolgt immer nach dem gleichen Prinzip. Sie bestimmen bei jedem Scan selbst die Auflösung und den anschließend zu speichernden Dateityp des Bildes. Auflösung und Dateityp sind abhängig von der Verwendung des Bildes.

Scannen und Drucken

Nun scannen Sie ein Bild, welches als Anhang zu einer E-Mail gedacht ist.

1 Wiederholen Sie alle Ihnen bekannten Schritte bis zu dem Punkt, an dem die Scannereinstellungen angegeben werden müssen (Das war Schritt 5 im *Scan für das Fotoalbum*). Hier haben Sie bei Ihrem ersten Scan *Farbfoto fein* angegeben. Nun wählen Sie bitte in der Liste die Scanoption *Farbbildschirm*.

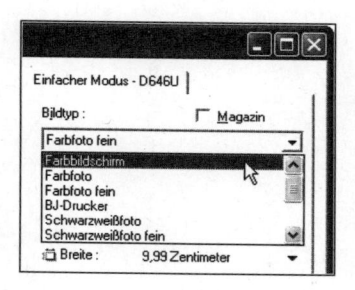

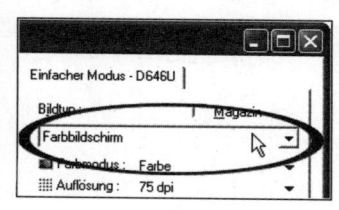

2 Durch das Einstellen der Option *Farbbildschirm* haben sich folgende Punkte verändert:

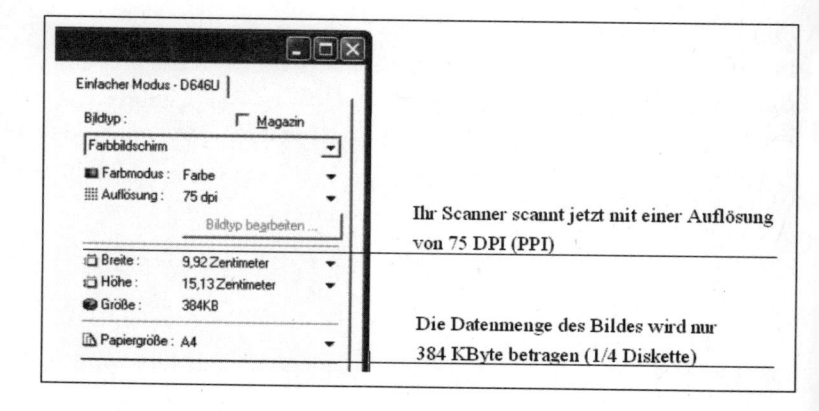

Ihr Scanner scannt jetzt mit einer Auflösung von 75 DPI (PPI)

Die Datenmenge des Bildes wird nur 384 KByte betragen (1/4 Diskette)

Der erste Scan

3 Jetzt scannen Sie Ihr Bild und gehen die bekannten Schritte, bis Sie zu dem Punkt kommen, an dem Sie Ihr Bild speichern (Schritt 10 im *Scan für das Fotoalbum*). Statt TIFF in der Liste der Dateitypen wählen Sie nun den Dateityp JPEG (JPG) aus.

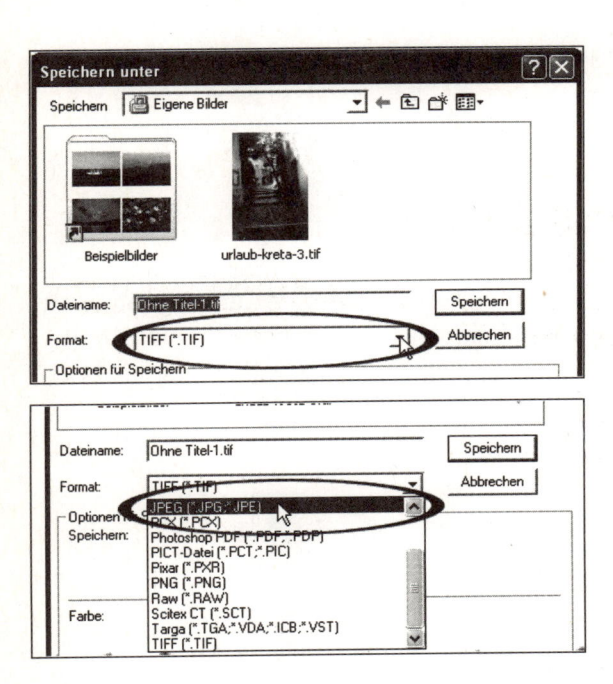

4 Haben Sie daran gedacht, einen eindeutigen Dateinamen zu vergeben? In dem Beispiel ist es der Name *e_mail_gruss*. Klicken Sie zum Speichern mit der linken Maustaste auf den Knopf *Speichern*. Halt – haben Sie auch noch einmal die wichtigen drei Einstellungen geprüft?

Scannen und Drucken

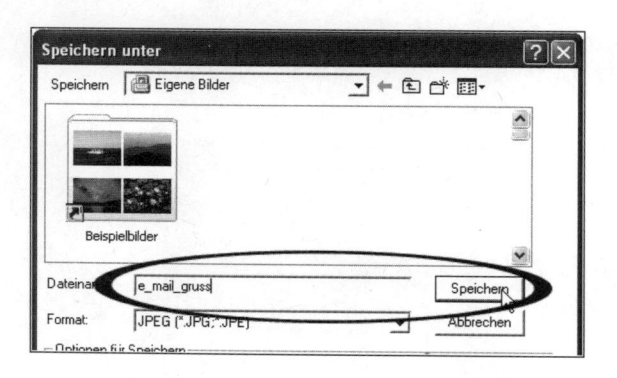

5 Ein neues Fenster erscheint, und Sie müssen angeben, in welcher Qualität die JPEG-Datei gespeichert werden soll. Sie sehen einen Schieberegler, den Sie mit gedrückter, linken Maustaste bewegen können, während Sie mit dem Mauszeiger darauf zeigen. Stellen Sie den Schieberegler so ein, dass bei *Qualität* die Ziffer „8" erscheint.

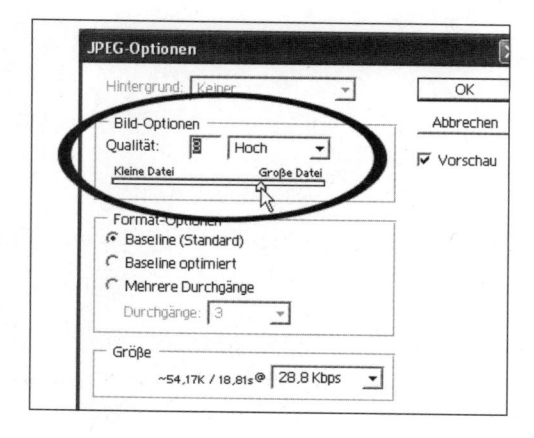

6 Dieses Fenster zeigt Ihnen auch an, wie groß die Datei wird, wenn Sie sie so speichern. Sie erinnern sich: Das ist wichtig, damit die Sendezeit Ihrer E-Mail später nicht übermäßig lang wird!

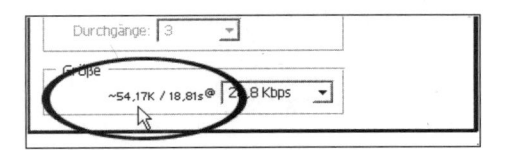

7 Ist alles eingestellt? Dann klicken Sie mit Ihrer linken Maustaste *OK*, und Ihre Bilddatei ist gespeichert. Sie hat die Endung *.jpg* und eignet sich zum Versenden via E-Mail.

Sollten Sie bei Ihrer Scannersoftware nicht die detaillierten Einstellungsmöglichkeiten haben, die in der Schritt-für-Schritt-Anleitung angegeben sind, so achten Sie bitte darauf, dass bei den DPI-(PPI-) Angaben 72–100 DPI ausgewählt ist. Dieser Wert ist für einen Versand per E-Mail am Besten.

TIFF, JPEG und Co.: Starke Typen mit unterschiedlichen Qualitäten!

Die Wahl des Dateityps zum Speichern treffen Sie abhängig vom Verwendungszweck Ihrer Bilder. Klar, dass dann ein Foto für Ihr digitales Album, welches Sie vielleicht einmal ausdrucken möchten, anders gespeichert wird als eines, das per Mail verschickt werden soll.

Adobe Photoshop Elements kann Ihre Bilder in 14(!) verschiedenen Dateitypen abspeichern. Jeder Dateityp hat seinen Sinn und Zweck und vor allen Dingen unterschiedliche Eigenschaften. Es ist nicht wichtig, dass Sie alle Dateitypen kennen. Im Folgenden finden Sie eine Erklärung der wichtigsten Typen, die Ihnen in der Welt der digitalen Bilder immer wieder begegnen werden.

Eine PSD-Datei = eine Adobe Photoshop Elements-Datei

Eine PSD-Datei ist eine Arbeitsdatei von Adobe Photoshop Elements. Sie dient dazu, die Grundqualität eines Bildes zu sichern und verschiedene Arbeitsschritte, mit denen Sie die Erscheinung des Bildes optimiert oder modifiziert haben, zu erhalten. In der

PSD-Arbeitsdatei können Sie umfangreichere Bildmanipulationen abspeichern und immer wieder nachvollziehen oder auch verändern. Dieser Dateityp eignet sich nicht zur Weiterverarbeitung in einem anderen Programm.

TIFF – Tag(ged) Image File Format

TIFF ist ein Dateityp, der für eine high-quality, eine professionelle Nutzung vorgesehen ist, einen guten Ausdruck des Bildes garantiert und sich als Vorlage für einen Papierabzug aus einem Fotofachgeschäft eignet. Die Qualität des Bildes beim Speichern in .*tif* bleibt erhalten, und die meisten Textverarbeitungsprogramme können .*tif*-Bilder in Texte einfügen. Dieses Bilddateiformat hat eine beachtliche Datenmenge.

JPEG – Joint Photographic Experts Group

Das JPEG-Bildformat wurde von Experten entwickelt, die herausgefunden haben, dass das menschliche Auge gar nicht alle Informationen verwendet, die es in einem digitalen Bild gibt. Mit der JPEG-Speicherung eines Bildes werden bestimmte Pixel und Farbinformationen einfach nicht mit abgespeichert! Durch diese Reduktion entstehen kleine Dateien.

Durch Wahl der *Kompressionsstufe* – Schritt 5 in der letzten Übung – wird der Umfang der Reduktion festgelegt. Kompressionsstufen von Null bis Zwölf sind wählbar. Die Stufe „Null" bedeutet, dass die Bildqualität durch höchste Kompression sehr reduziert wird und eine sehr kleine Datei entsteht. Die Stufe „Zwölf" bedeutet höchste Bildqualität, kleinste Kompression, größte Datei. Es lässt sich keine Aussage darüber machen, welche Kompression die Beste ist, da die Wirkung der JPEG-Kompression bei jedem Bild anders ist. Jedes Bild hat unterschiedliche Pixel und Farben. Allerdings wird eine JPEG-Bilddatei bei jedem Öffnen und Speichern neu komprimiert! Dadurch ist die Datei von Mal zu Mal neuen Qualitätsverlusten ausgesetzt. Daraus folgt, dass Sie ein Bild immer nur in der Endfassung als JPEG abspeichern sollten und nicht mehrmals hintereinander, z. B. als Zwischenstufen einer Bearbeitung.

> Müssen Sie an einem Bild etwas verändern, tun Sie dies immer in Ihrer PSD-Arbeitsdatei oder in einer TIF-Datei, um dann das Bild mit *Speichern unter* in JPEG abzuspeichern.

RAT

> Sollten Sie von anderen oder Ihrer Digitalkamera JPG-(*.jpg*-)Bilddaten erhalten und verändern wollen, dann speichern Sie vor der Bildbearbeitung diese als TIF- oder PSD-Datei ab. Dadurch haben Sie für Ihr weiteres Tun immer die qualitativ beste Vorlage.

RAT

TIF und JPEG sind die Bilddatei-Typen, mit denen Sie meist zu tun haben werden. Im Anhang des Buches finden Sie Erklärungen zu weiteren Dateitypen.

Verschiedene Bildvorlagen unterscheiden

Natürlich können Sie auch andere Vorlagen als Fotoabzüge einscannen! Grafiken, Texte, das Tuschebild Ihrer Enkelin und das kürzlich auf dem Kunstmarkt gekaufte Aquarell – nicht zu vergessen die Urlaubsdias vom letzten Jahr. Unterschiedliche Bildvorlagen brauchen jeweils eine unterschiedliche „Scanbehandlung".

In dem Programm, mit dem Sie Ihren Scanner bedienen, müssen Sie eventuell angeben, was für eine Vorlage auf dem Scannerglas liegt. Durch diese Angaben „weiß" der Scanner, wie er eine Vorlage betrachten bzw. „lesen" oder „abtasten" soll. Sie erinnern sich – in den letzten beiden Beispielen haben Sie *Farbfoto fein* und *Farbbildschirm* eingestellt und so zwei unterschiedliche Scans hergestellt. Hier sind die Fachbezeichnungen für die unterschiedlichen Vorlagen:

Typ der Bildvorlagen	Ihre Fachbezeichnung
Dias, Negative, Folien	Durchsichtsvorlage
Alle Vorlagen auf lichtdichtem Material wie z.B. Papier	Aufsichtsvorlage
Reinzeichnungen, Texte, Baupläne und alle Vorlagen, die eindeutig schwarz/weiße Striche oder Punkte haben	Strichvorlagen
Zeichnungen mit Grauschattierungen, s/w Fotos und alle Vorlagen, die man zwar als s/w bezeichnet und auch Grauschattierungen beinhalten	Graustufenvorlagen
Farbige Fotos, Zeichnungen, Grafiken und alle Vorlagen, die Farbe zeigen	Farbvorlagen

Noch ein paar goldene Regeln für das erfolgreiche Scannen ...

Damit Sie später nicht mehr Arbeit haben als nötig, reinigen Sie das Scannerglas vor jedem Scan mit einem fusselfreien Tuch. Staub, dunkle Partikel oder ähnliches, was auf dem Scannerglas liegen könnte, scannt der Scanner mit, und Sie haben später in Ihrem digitalen Bild unerwünschte Störungen, die in der Fachsprache übrigens „Popel" genannt werden.

Das Reinigen gilt auch für die Fotos bzw. Scanvorlagen, die Sie auf das Glas legen. Häufig binden sich durch elektrostatische Aufladungen Staubpartikel auf Fotos.

Eine gute Vorbereitung ist entscheidend! Überlegen Sie vor jedem Scan, wozu Sie Ihr Bild verwenden möchten und welche Proportionen das Bild haben soll. Entscheiden Sie dann über die Einstellungen, die Sie auswählen.

Sollten Sie nicht genau wissen, wozu Sie Ihren Scan später verwenden möchten, dann scannen Sie nur in geringer Auflösung, z.B. 100 DPI (PPI). Wenn Sie ein Layout (Aussehen/Script von Text und Bild) vorbereiten, in dem Sie das Bild verwenden wollen, dann nutzen Sie diesen Scan als ‚Dummy' (Platzhalter), um nach endgültiger Gestaltung den Scan in gewünschter Größe und Auflösung zu wiederholen. Alle Profis machen das so.

Scanvorlagen, die gewellt sind oder sich ein wenig durchbiegen, beschweren Sie am besten mittels einer Glasplatte, 21 x 30 cm groß, 4 mm stark (bei jedem Glaser erhältlich), die Sie über die Vorlagen auf das Scannerglas legen. Dadurch liegt die Scanvorlage plan auf dem Glas, und es kommt nicht zu Verzerrungen. Achten Sie bei der Glasplatte darauf, dass die Kanten geschliffen sind! Das Scannen mit der Glasplatte eignet sich nicht für Dias oder andere Durchsichtsvorlagen, da das zweite Glas auf der Vorlage den Scan durch optische Reflexe verschlechtern wird.

Nehmen Sie sich Zeit und Muße, damit Sie die Freude am Scannen behalten!

Zur Erinnerung

- Mit der Option *Importieren* steuern Sie Ihren Scanner von Ihrem Bildbearbeitungsprogramm aus.
- Zu einem Scan gehören die Auswahl des zu scannenden Bereichs, das Einstellen der Art der Vorlage und die Wahl der Auflösung.
- Ein Scan für ein digitales Fotoalbum sollte immer im Dateityp TIFF abgespeichert werden.
- Ein farbiger Scan für eine E-Mail-Versendung sollte immer im Dateityp JPEG abgespeichert werden.
- TIFF ist ein Dateityp für anspruchsvollere Anwendungen mit großen Datenmengen.
- JPEG ist ein Dateityp mit kleinen Datenmengen, die durch Kompression erreicht werden und dadurch die Bildqualität reduzieren.
- Es gibt unterschiedliche Scanvorlagen, die bei der Einstellung des Scanners berücksichtigt werden müssen.
- Ein gut vorbereiteter Scan erspart zusätzliche Arbeit.

Die digitale Bildbearbeitung

Los geht's

↪ In diesem Kapitel lernen Sie, Ihr gescanntes Bild zu retuschieren.
↪ Sie lernen, mit einigen Werkzeugen des Programms Adobe Photoshop Elements zu arbeiten.
↪ Sie organisieren sich Ihren Bildbearbeitungsbereich.
↪ Sie drehen ein Bild.
↪ Sie verwenden eine Lupe.
↪ Sie retuschieren „rote Augen" auf einem Foto.
↪ Sie stellen eine Werkzeugspitze ein.
↪ Sie erstellen einen Bildausschnitt.
↪ Sie speichern eine Kopie Ihres Originalbildes.
↪ Sie verändern Helligkeit und Kontrast eines Bildes.

Bildbearbeitung – was ist das eigentlich?

Sie kennen die kleine Lebensweisheit: „Es geht nicht immer alles glatt!" Da ist – durch den Einsatz des Blitzes – jemand auf Ihrem Fotoabzug mit „roten Augen" abgebildet. Da hat der Blitz nicht funktioniert, und die Person auf dem Foto ist zu dunkel wiedergegeben. Da sind Gegenstände ins Bild gekommen, die vom eigentlichem Motiv ablenken und störend wirken.

Bildbearbeitung mit dem Computer meint die Veränderung oder Korrektur von Fotos, Zeichnungen, Logos oder Grafiken, die in digitalisierter Form vorliegen.

Bildbearbeitung kann also bedeuten:

➪ „rote Augen" zu entfernen;

➪ Helligkeit oder Kontrast des gesamten Bildes zu optimieren;

➪ einen Ausschnitt eines Bildes zu erstellen;

oder, oder, oder ...

Sehr viele Veränderungen lassen sich an Ihrem digitalen Bild vornehmen. Die Bildbearbeitungssoftware (z.B. Adobe Photoshop Elements) bietet Ihnen dazu eine Vielzahl von Werkzeugen an – Werkzeuge, die z.B. Farben „erkennen" können oder Bildausschnitte bestimmen. Sie verändern durch Bildbearbeitung am Computer das eingescannte Bild, Ihre digitalen Bilddaten, und drucken dann Ihr Bild verändert (*retuschiert*) aus.

Es will – wie immer – gelernt und geübt sein, die Werkzeuge zur Bildbearbeitung einzusetzen. In der Werkzeugpalette von Adobe Photoshop Elements gibt es sehr viele Werkzeuge, und nicht alle werden oft gebraucht. Zunächst lernen Sie, Ihr Bild zu drehen, Ihren Arbeitsbereich zu organisieren, „rote Augen" zu retuschieren sowie einen Bildausschnitt zu bestimmen.

Sollten Sie selbst kein Bild mit „roten Augen" haben, jedoch nachvollziehen wollen, was in der nächsten Übung passiert, dann können Sie das Beispielbild in dem Übungsordner *Kapitel 4 – Bilder* unter dem Namen *rote_augen.tif* auf der diesem Buch beiliegenden CD in Adobe Photoshop Elements öffnen.

Die digitale Bildbearbeitung

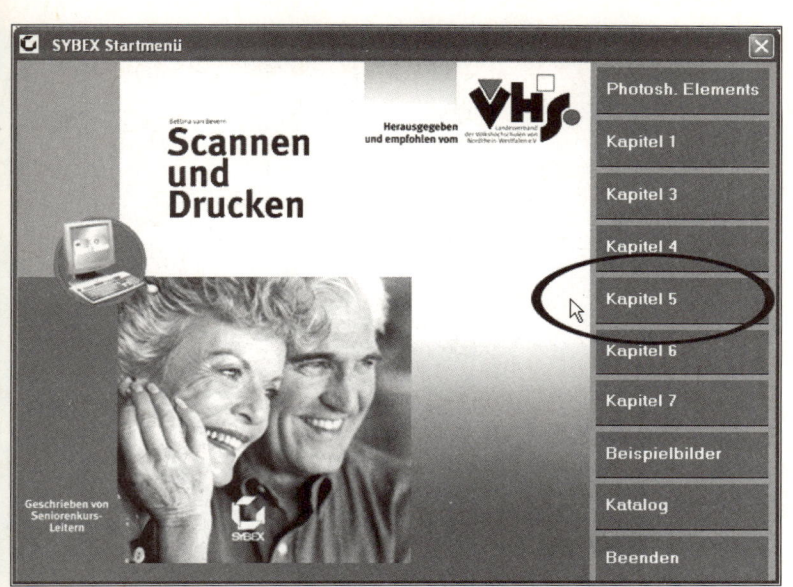

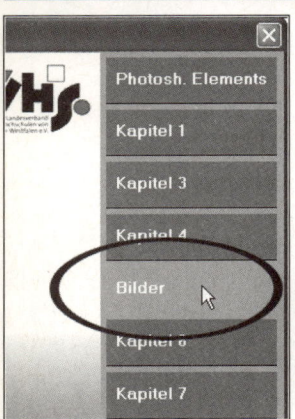

Schritt für Schritt – ein Bild drehen und den Arbeitsbereich organisieren

1 Sie sehen es in der Abbildung unten: Das Bild wurde im Hochformat eingescannt, obwohl es eigentlich ein querformatiges Foto ist.

Scannen und Drucken

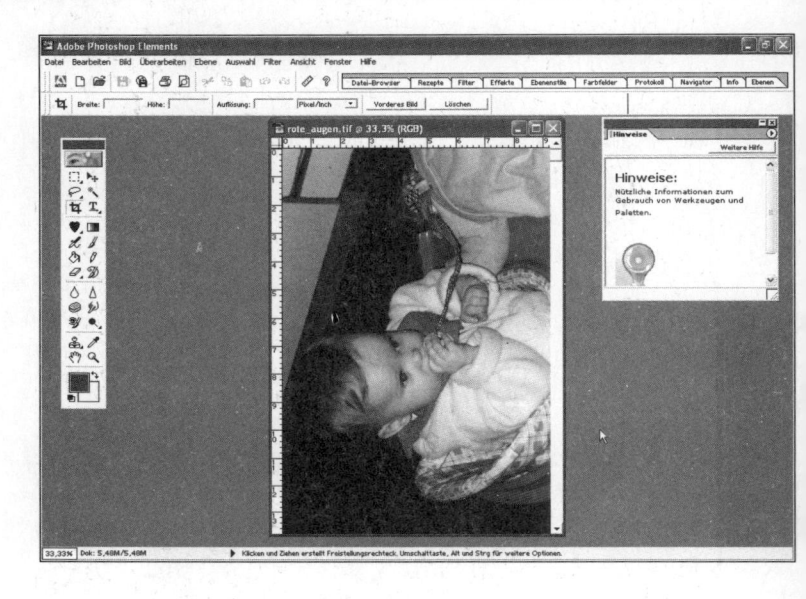

2 Um das Bild zu drehen, klicken Sie mit der linken Maustaste in der Menüleiste auf das Wort *Bild*, gehen mit dem Mauszeiger auf den Menüpunkt *Drehen* und in dem neu aufgeklappten Menü auf die Option *Arbeitsfläche 90° Rechts*. Hier klicken Sie erneut mit der linken Maustaste. Das Bild dreht sich sofort in die gewünschte Richtung – und Sie können es bequem bearbeiten!

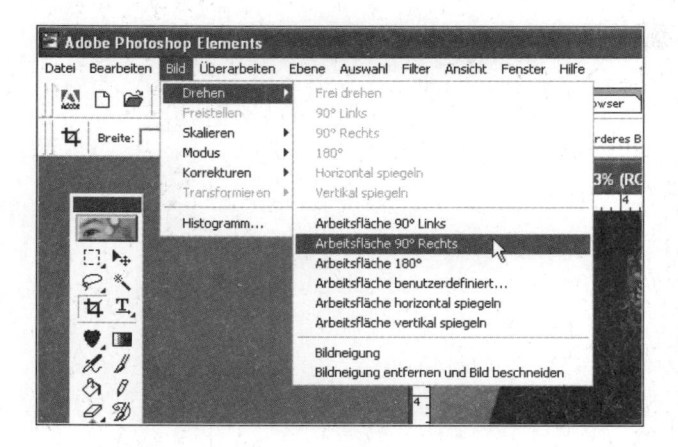

Die digitale Bildbearbeitung

3 Das Palettenfenster *Hinweise* kann jetzt störend auf Ihrer Bildschirmfläche wirken. Es verdeckt das Bild und steht irgendwie im Weg. Mit einem Mausklick (linke Maustaste) auf das „X" in der rechten, oberen Ecke des Palettenfensters verschwindet es von Ihrer Bildschirmoberfläche, und Sie finden es wieder als Register oben rechts im Palettenraum. Wollen Sie die Hinweise wieder lesen, so gehen Sie mit Ihrem Mauszeiger auf das Register *Hinweise*, klicken einmal mit der linken Maustaste darauf, und die Palette *Hinweise* klappt auf. Sie brauchen die Hinweise jetzt allerdings nicht.

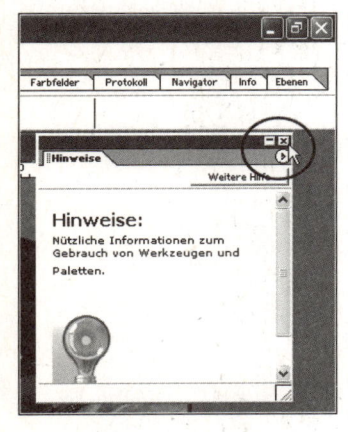

So schließen Sie das *Hinweise*-Fenster, ...

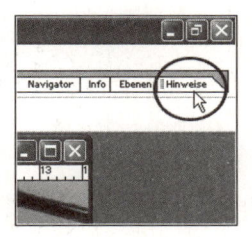

... als Register finden Sie es dann im Palettenraum, ...

... und mit einem Klick auf dieses Register öffnen Sie das *Hinweise*-Fenster wieder.

83

Scannen und Drucken

4 Bilddateien in Adobe Photoshop Elements werden immer in einem eigenen Fenster angezeigt und bearbeitet. Es ist für die weitere Bearbeitung praktisch, dieses Arbeitsfenster zu maximieren. Wie bei jeden Fenster geschieht dies durch Mausklick (linke Maustaste) auf den Button *Maximieren* oben rechts in der Titelleiste des Fensters (neben dem „X" für schließen). Maximieren Sie das Fenster des Beispielbildes mit einem Klick auf den *Maximieren*-Button.

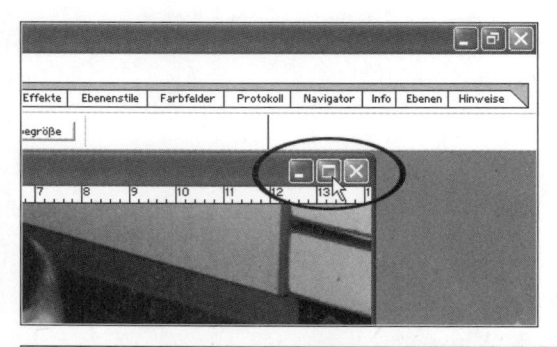

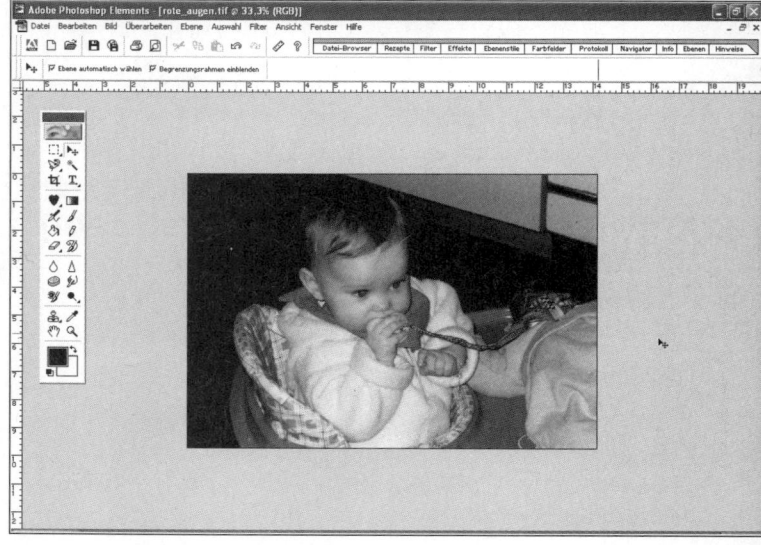

Genauer arbeiten mit dem Lupenwerkzeug

Retuschieren ist Millimeterarbeit. Die Ansicht des Bildes *rote_augen.tif* auf dem Bildschirm ist recht klein und nicht gut geeignet, um darin zu arbeiten. Mit dem Lupenwerkzeug in der Werkzeugpalette vergrößern bzw. verkleinern Sie Ihre Bildschirmansicht und lassen sich z. B. auch nur Teilausschnitte des Bildes stark vergrößert anzeigen.

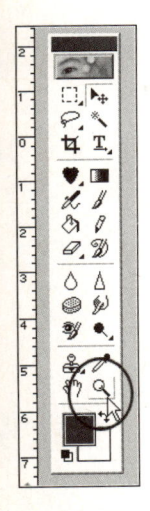

Das Lupenwerkzeug in der Werkzeugleiste   Das aktive Lupenwerkzeug

Schritt für Schritt – das Lupenwerkzeug verwenden

1 Mit einem Mausklick auf den Button *Lupenwerkzeug* ist dieses aktiv. Anstelle Ihres gewohnten Mauszeigers sehen Sie die kleine Lupe auf dem Bildschirm. Nun gibt es zwei verschiedene Arten, die Lupe zu verwenden:

2 Sie können die Augen vergrößern, indem Sie mit der Lupe darauf zeigen und so oft mit der linken Maustaste klicken, bis der Bereich der Augen groß genug ist und Sie alles gut erkennen können.

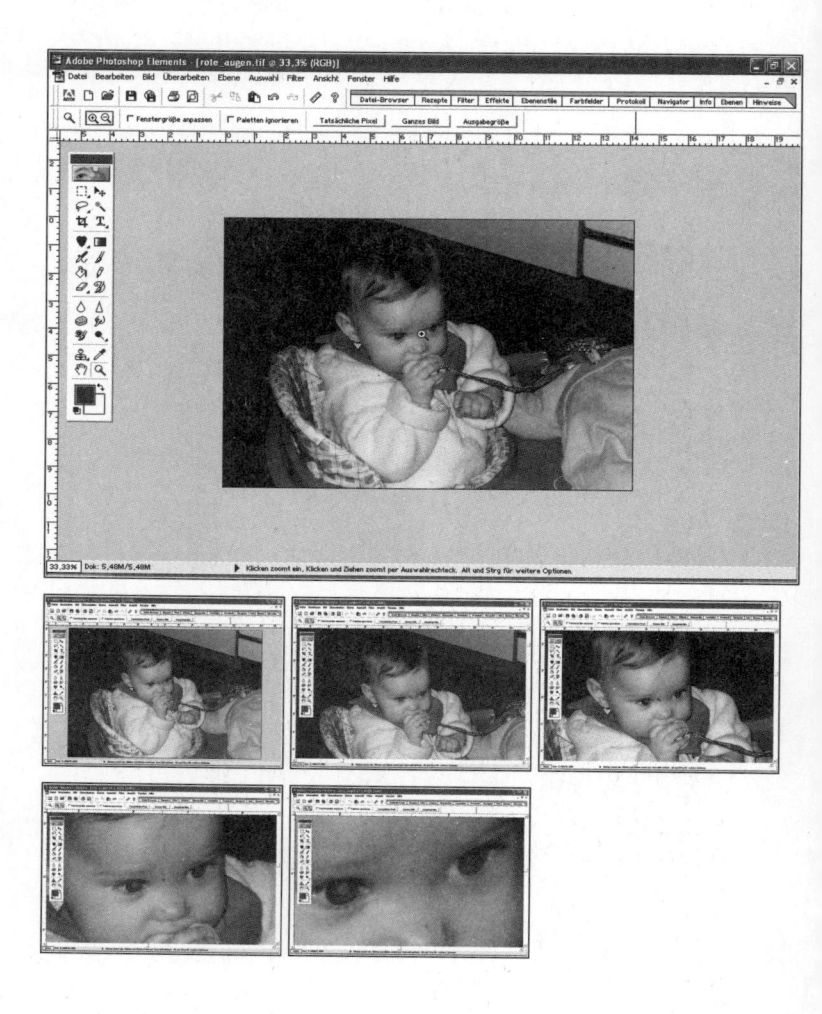

3 Die zweite Möglichkeit ist die schnellere: Ziehen Sie mit gedrückter Maustaste einen *Lupenrahmen* um die Augen. Dazu zeigen Sie mit der Lupe zuerst an eine Stelle links oberhalb der Augenregion. Halten Sie

Die digitale Bildbearbeitung

dann die linke Maustaste gedrückt und gehen Sie mit dem Mauszeiger diagonal an eine Stelle rechts unterhalb der Augenpartie. Sie sehen, wie sich ein Rechteck aufzieht. Lassen Sie jetzt die linke Maustaste los, und der markierte Ausschnitt mit den Augen wird sofort vergrößert angezeigt.

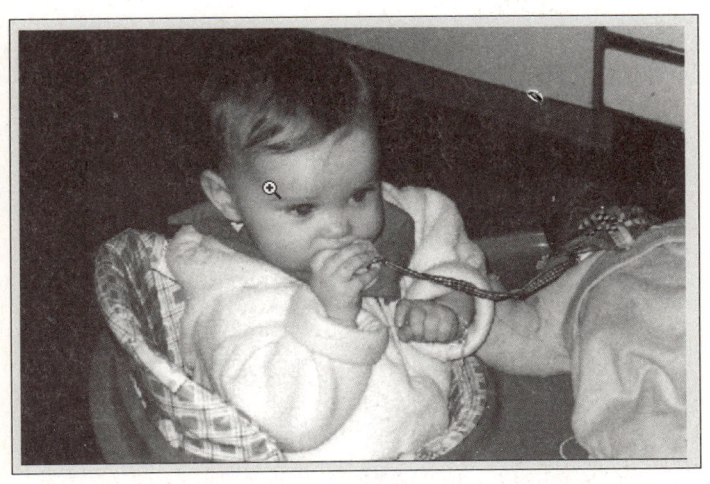

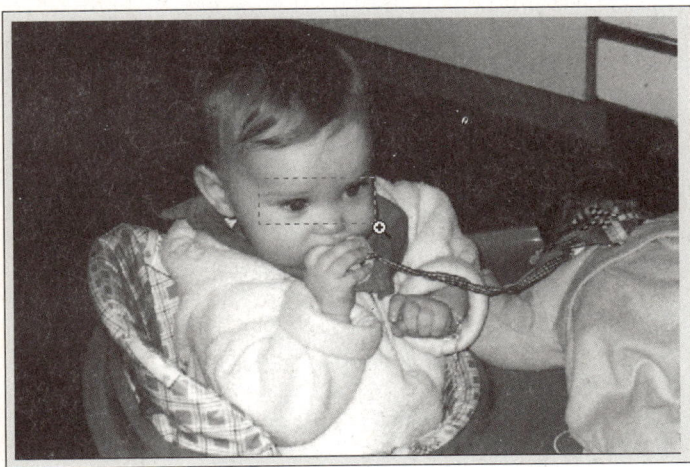

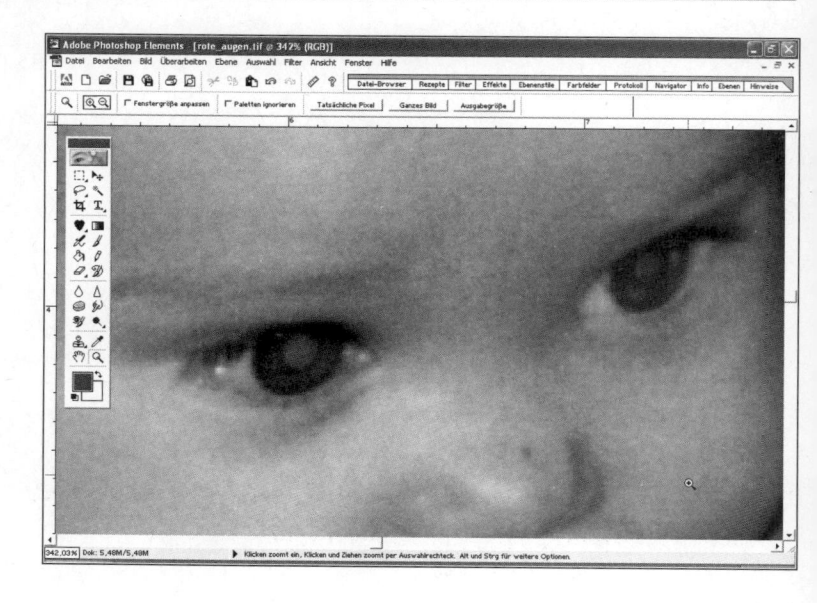

4 Sollte Ihre Bildschirmansicht zu groß geraten sein, so können Sie bei aktiver Lupe in der Optionsleiste auf den Button *Ganzes Bild* mit der linken Maustaste klicken. Sie sehen mit einem Schlag wieder Ihr ganzes Bild auf dem Bildschirm.

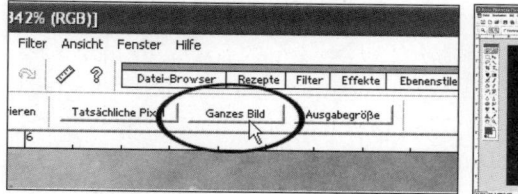

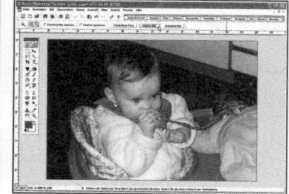

Das Retuschieren roter Augen

Um „rote Augen" zu retuschieren, gibt es in der Werkzeugleiste von Adobe Photoshop Elements ein eigens gemachtes Werkzeug – den *Rote-Augen-Pinsel*. Durch einen Klick mit der linken Maustaste ist das Werkzeug aktiv.

Die digitale Bildbearbeitung

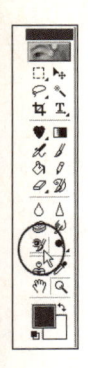

Das Werkzeug *Rote-Augen-Pinsel* ...   ... ist hier aktiviert.

Schritt für Schritt – arbeiten mit dem *Rote-Augen-Pinsel*

1 Statt des Mauszeigers sehen Sie nun einen Kreis mit einem Fadenkreuz in der Mitte, und auch die Optionsleiste hat sich verändert. Der Kreis mit dem Fadenkreuz ist eine Werkzeugspitze und im Durchmesser sowie der Wirkungsweise veränderbar. Sollte der Kreis zu klein oder zu groß für die zu retuschierenden Augen sein, so können Sie ihn in der Optionsleiste oben links bei dem Begriff *Pinsel* verändern. Dazu klicken Sie mit der linken Maustaste auf das kleine schwarze Dreieck rechts neben dem Begriff *Pinsel* während Sie mit dem Mauszeiger darauf zeigen. Das Werkzeugspitzenmenü klappt auf.

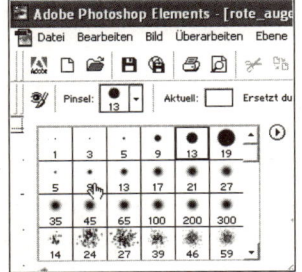

89

Scannen und Drucken

2 In diesem Menü haben Sie nun verschiedene Werkzeugspitzen zur Auswahl, die bildlich veranschaulicht werden. Es gibt Werkzeugspitzen mit glatten Kanten und welche mit diffusen Kanten, welche mit großem Durchmesser und welche mit kleinem. Der Durchmesser wird jeweils durch die Zahlen unter den Bildchen verdeutlicht, die z. B. 13 Pixel Durchmesser bedeuten.

3 Wählen Sie bitte eine diffuse Werkzeugspitze aus, die nicht größer ist als das zu retuschierende Auge. Sie sollte auch nicht zu klein sein, damit Sie gleich nicht so oft mit dem *Rote-Augen*-Werkzeug klicken müssen. Die diffuse Werkzeugspitze ist wichtig, damit beim Retuschieren keine erkennbaren Kanten, sondern weiche Übergänge entstehen.

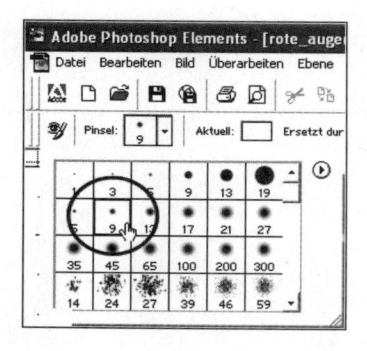

4 Haben Sie eine Werkzeugspitze ausgewählt, wird Ihre Optionsleiste so aussehen:

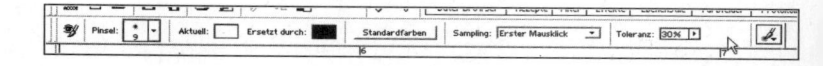

5 Sie gehen nun mit der Werkzeugspitze – also mit Ihrem Mauszeiger – in die Mitte eines roten Auges, halten die linke Maustaste gedrückt und ziehen Ihre Maus kreis-

Die digitale Bildbearbeitung

förmig im Bereich des roten Auges hin und her. Sie sehen, wie nach und nach das rote Auge verschwindet und der rote Bereich durch eine dunkle Farbe ersetzt wird. Lassen Sie zwischendurch die linke Maustaste los, um zu sehen, wie sich die Retusche des Auges entwickelt. Sie können diesen Vorgang so oft wiederholen, bis das Auge zufrieden stellend retuschiert ist. Achten Sie darauf, sich nur innerhalb des Auges und im rötlich verfärbten Bereich zu bewegen, sonst retuschieren Sie ungewollt andere Bereiche mit.

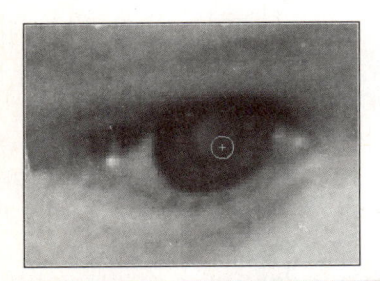

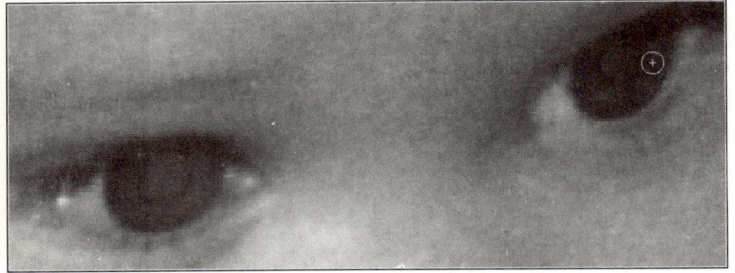

Auf Ihrem Bildschirm können Sie anhand des Beispielbildes die Veränderungen deutlich sehen. Das Bild hier im Buch gibt die Retuschierung der Augen nicht so gut wieder.

Das *Rote-Augen*-Werkzeug erkennt die rote Farbe des Auges durch Ihren Mausklick und ersetzt diese durch eine natürlichere, dunklere Farbe.

Sind die Augen retuschiert, verkleinern Sie bitte die Ansicht des Bildes auf *Ganzes Bild*: Aktivieren Sie die Lupe und klicken Sie in der Optionsleiste auf den Button *Ganzes Bild*. Damit können Sie für den nächsten Arbeitsschritt Ihren Arbeitsbereich besser sehen. Achten Sie darauf, dass Ihr Fenster maximiert ist.

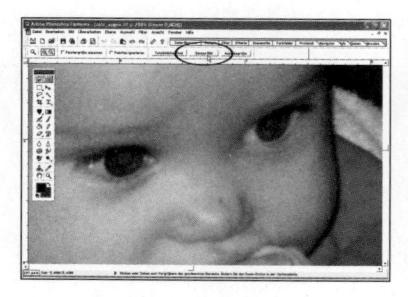

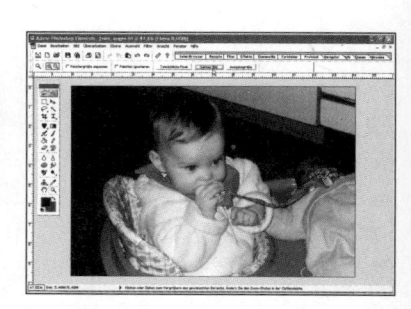

Mit einem Mausklick sehen Sie wieder das ganze Bild, um besser zu arbeiten.

Mit dem *Freistellungswerkzeug* einen Bildausschnitt bestimmen

Durch zu viel „Beiwerk" auf einem Foto kann das eigentliche Motiv in den Hintergrund rücken. Der Ausschnitt, auf den es wirklich ankommt, lässt sich mit Ihrer Bildbearbeitungssoftware leicht herausschneiden. Dazu gibt es ein spezielles Werkzeug in der Werkzeugleiste – das *Freistellungswerkzeug*.

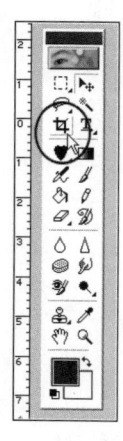

Das Freistellungswerkzeug 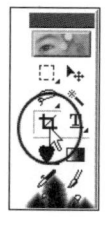 ...   Hier sehen Sie es aktiviert.

Die digitale Bildbearbeitung

Schritt für Schritt – einen Bildausschnitt erstellen

1 Durch einen Klick mit der linken Maustaste (Sie zeigen dabei auf das *Freistellungswerkzeug* in der Werkzeugleiste) wird das Werkzeug aktiviert. Die Funktionsweise des Werkzeugs ist vergleichbar mit der Bestimmung eines Scanbereichs.

2 Platzieren Sie das Werkzeug in der linken, oberen Ecke des gewünschten Ausschnitts.

Scannen und Drucken

3 Halten Sie dann die linke Maustaste gedrückt, ziehen Sie den Mauszeiger diagonal in die gedachte, rechte untere Ecke und lassen Sie dort die Maustaste los. Sie haben nun einen Ausschnittsrahmen erstellt, der sich wie bei der Scanauswahl nachträglich vergrößern oder verkleinern lässt: Bewegen Sie den Mauszeiger auf die Vierecke auf dem Rahmen, und Sie können bei gedrückter linker Maustaste die Größe nachträglich verändern.

4 Der aufgezogene Rahmen unterscheidet sich deutlich vom Rest des Bildes. Der Bildbereich innerhalb des Rahmens ist jetzt heller. Dies ist Ihr als Ausschnitt gewähltes Motiv. Der Bildbereich, der dunkel ist, wird abgeschnitten. Durch Zeigen mit dem Mauszeiger an einen beliebigen Punkt innerhalb der ausgewählten Fläche können Sie mit Druck auf die linke Maustaste den ganzen Rahmen „fassen" und verschieben, solange die Maustaste gedrückt bleibt.

5 Die gewünschte Größe und Position, zeigen Sie mit dem Mauszeiger – er wird zu einem kleinen, schwarzen Pfeil – irgendwo in die gerahmte Fläche und doppelklicken zügig hintereinander mit der linken Maustaste. Das ist der Befehl zur Erstellung des Ausschnitts!

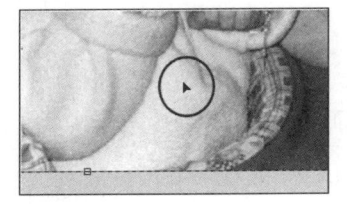

Scannen und Drucken

6 Sie sehen Ihren vorher bestimmten Ausschnitt von allem Drumherum befreit! Dies wurde abgeschnitten und ist unwiederbringlich fort – wenn Sie jetzt speichern!

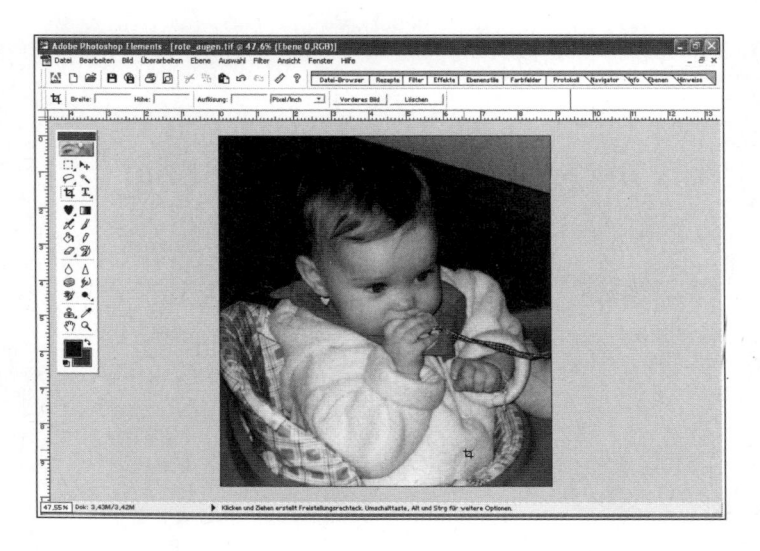

Bringen Sie Ihr Bild in Sicherheit!

Möchten Sie das ursprüngliche Bild (Foto vor dem Erstellen des Ausschnittes) noch verwenden? Wenn Sie nicht sicher sind, speichern Sie stets eine Kopie des Originals. Dazu nehmen Sie den längeren Weg über die Menüleiste, da der Schnellspeicherknopf (das Diskettensymbol) in der Symbolleiste Ihre Originaldatei überschreiben würde.

Schritt für Schritt – das Speichern einer Bildkopie

1 Klicken Sie links in der Menüleiste auf das Wort *Datei*, positionieren Sie den Mauszeiger auf der Option *Spei-*

chern unter und klicken Sie einmal mit der linken Maustaste. Das Fenster *Speichern unter* öffnet sich.

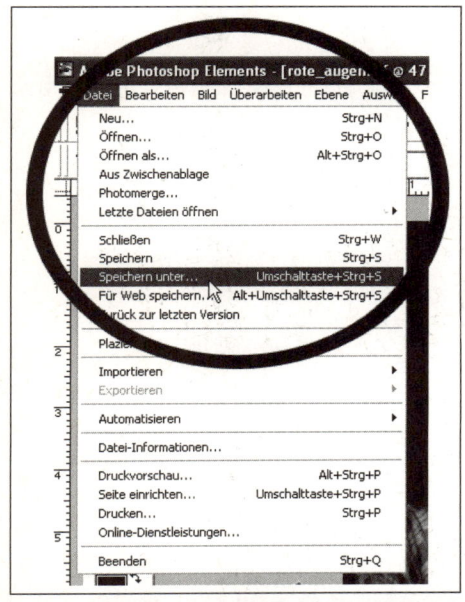

Scannen und Drucken

2 Im *Speichern unter*-Fenster tragen Sie bitte die drei Angaben ein, die Sie schon aus den vorherigen Speicherübungen kennen. Vergessen Sie vor allem nicht, unter *Speichern* (diese Option finden Sie oben im Fenster) *Eigene Dateien* (> *Eigene Bilder*) einzustellen: Hier bietet Adobe Photoshop Elements Ihnen nämlich zunächst das Verzeichnis der Buch-CD an, aus dem Sie die Beispieldatei geöffnet haben – auf der CD können Sie aber nicht speichern!

3 Als Nächstes müssen Sie Dateiname und Dateityp (Format) angeben. Für Bilder, in denen Sie Retuschen angefertigt haben, bietet Ihnen das Programm Adobe Photoshop Elements als Dateityp PSD an. Ändern Sie das in TIFF, wird an den bestehenden Dateinamen automatisch das Wort „Kopie" angehängt, damit Sie die gespeicherten Dateiversionen deutlich unterscheiden können.

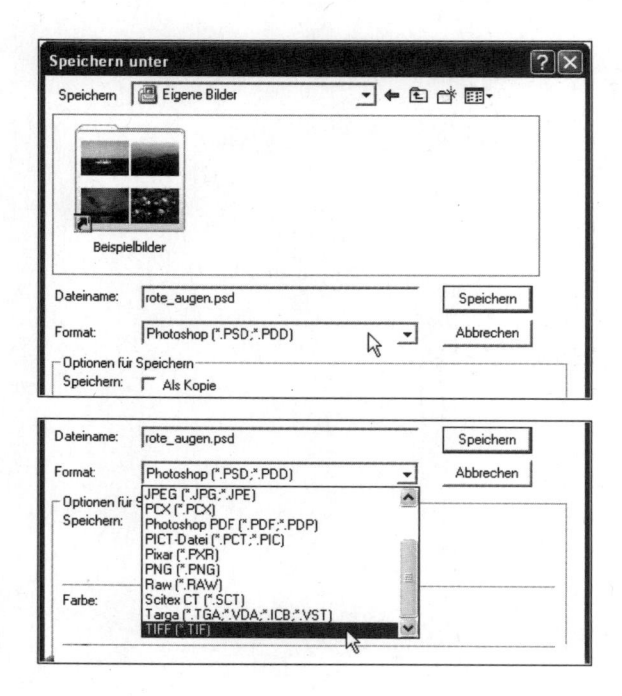

Die digitale Bildbearbeitung

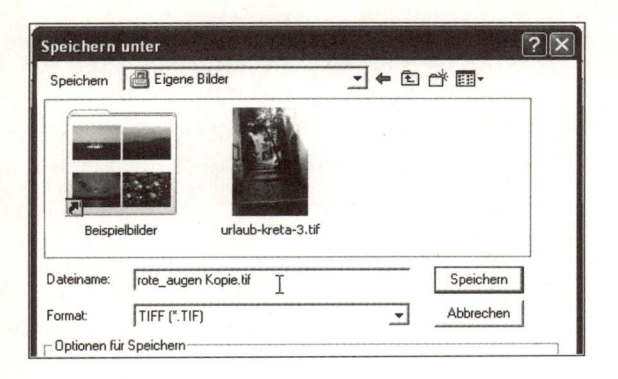

4 Haben Sie alle Einstellungen vorgenommen, so drücken Sie auf *Speichern* und bestätigen anschließend im Fenster *TIFF-Optionen* das Format „IBM PC" durch einen Mausklick auf die Schaltfläche *OK*.

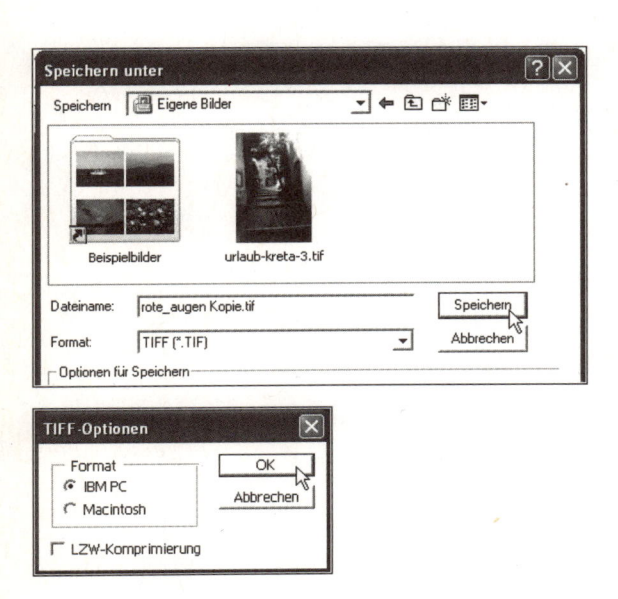

Super! – Ihre erste Bildbearbeitung ist vollendet. Nun gibt es noch etwas Wichtiges, wenn Sie Ihre Originaldatei schließen.

Vorsicht beim Schließen der Originaldatei!

In der Programmtitelleiste steht noch immer der Name der Originaldatei, da Sie ja eine Kopie gespeichert haben. Die gespeicherte Datei *rote_augen Kopie.tif* ist nicht geöffnet.

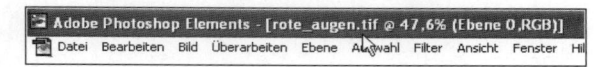

```
Adobe Photoshop Elements - [rote_augen.tif @ 47,6% (Ebene 0,RGB)]
Datei  Bearbeiten  Bild  Überarbeiten  Ebene  Auswahl  Filter  Ansicht  Fenster  Hil
```

Ein Blick in die Titelleiste zeigt, dass noch die Originaldatei geöffnet ist.

Wenn Sie das Originalbild jetzt schließen, mit dem kleinen „X" oben im rechten Bildbereich, dann werden Sie gefragt, ob Sie die Datei speichern wollen. Klicken Sie unbedingt auf *Nein*, denn nur dadurch bleibt Ihnen die Originaldatei erhalten. Die vorgenommenen Retuschen haben Sie in der Datei *rote_augen Kopie.tif* gespeichert. Hier, in Ihrer originalen Bilddatei, möchten Sie die Änderungen eben nicht speichern! Daher ist die Angabe *Nein* so wichtig.

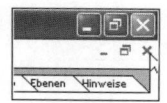

Mit dem kleinem, schwarzen „X" das Bild schließen ...

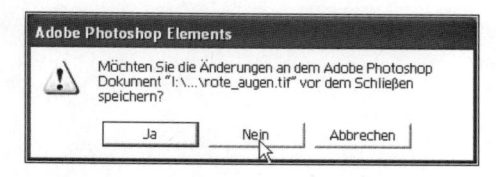

```
Adobe Photoshop Elements
Möchten Sie die Änderungen an dem Adobe Photoshop
Dokument "I:\...\rote_augen.tif" vor dem Schließen
speichern?
    Ja      Nein      Abbrechen
```

... und unbedingt auf den Button *Nein* klicken

Das Bild ist von Ihrem Bildschirm verschwunden, und Sie sehen nur noch die Programmoberfläche von Adobe Photoshop Elements.

Die digitale Bildbearbeitung

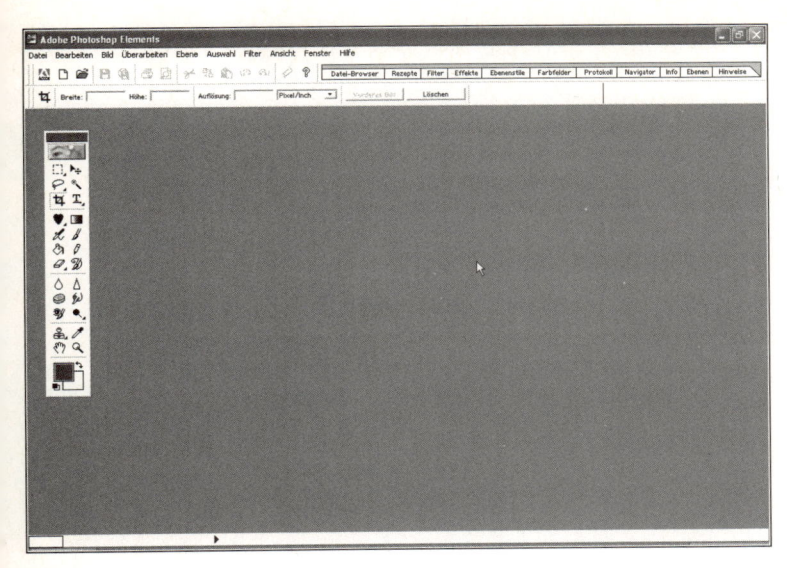

Die leere Programmoberfläche nach dem Schließen der Datei

Weiter geht's in Sachen Bildbearbeitung ...
Helligkeit und Kontrast einstellen

Die ersten Übungen in Sachen Bildbearbeitungen liegen erfolgreich absolviert hinter Ihnen: „Roten Augen" bearbeiten, ein Bild drehen, einen Ausschnitt bestimmen. Ist Ihnen aufgefallen, dass das Beispielbild einen Grauschleier hat und etwas mehr Brillanz vertragen könnte?

Das Bild benötigt eine farbliche Auffrischung. Um die Brillanz eines Bildes anzuheben, lernen Sie nun das Verändern von Helligkeit und Kontrast anhand des Beispielbildes.

Schritt für Schritt – Helligkeit und Kontrast einstellen

1 Öffnen Sie bitte die Datei des Beispielbildes *rote_augen Kopie.tif*. Klicken Sie dazu in der Menü-

Scannen und Drucken

leiste auf das Wort *Datei* und in der aufgeklappten Menüauswahl auf das Wort *Öffnen*. Das Fenster *Öffnen* erscheint auf dem Bildschirm.

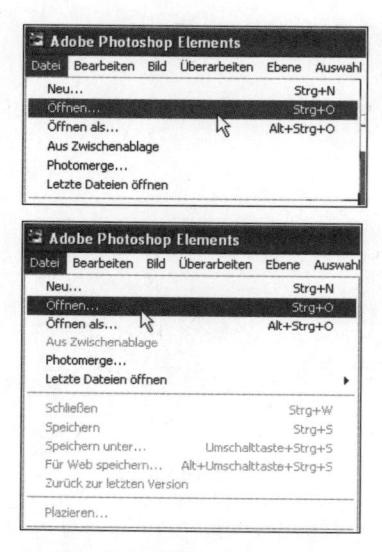

Als Windows XP-Benutzer sehen Sie sofort eine kleine Vorschau der Bilder im Verzeichnis.

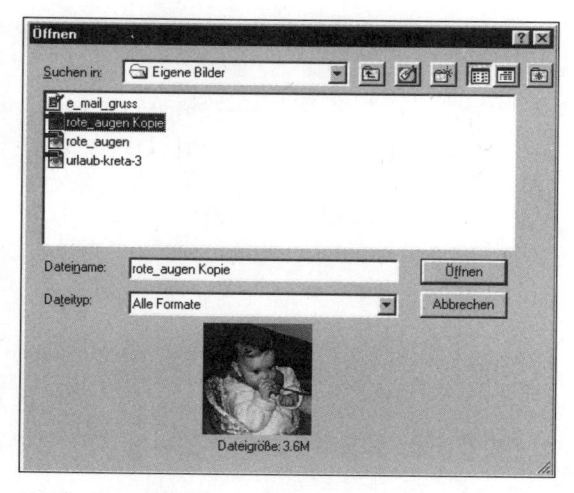

In Windows 98 sehen Sie nur eine Vorschau des Bildes, wenn Sie den Dateinamen markieren.

Die digitale Bildbearbeitung

2 Sollten Sie nicht sofort Beispielbild oder Dateinamen sehen, so rufen Sie Ihren Speicherort auf – den Ordner, in dem das Bild gespeichert haben. Meistens ist das der Ordner *Eigene Bilder*. Doppelklicken Sie mit der linken Maustaste auf das Dateisymbol des Beispielbildes. Durch den Doppelklick wird die Datei geöffnet, und Sie sehen sie wieder in einem eigenen Fenster auf Ihrem Bildschirm.

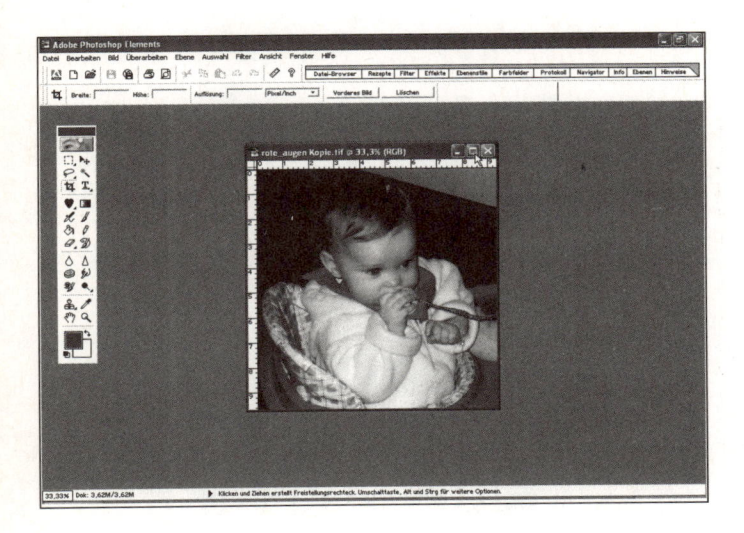

3 Für das bessere Arbeiten maximieren Sie bitte wieder das Fenster des Bildes. Sie erinnern sich: Das geht durch einen Mausklick auf das Symbol *Fenster maximieren*, in der rechen oberen Ecke des Fensters neben dem „X". Diesmal sollen Sie auch einen anderen Weg kennen lernen: Klicken Sie auf den Button *Ganzes Bild* in der Optionsleiste – bitte diesmal, während die Lupe aktiviert ist!

Scannen und Drucken

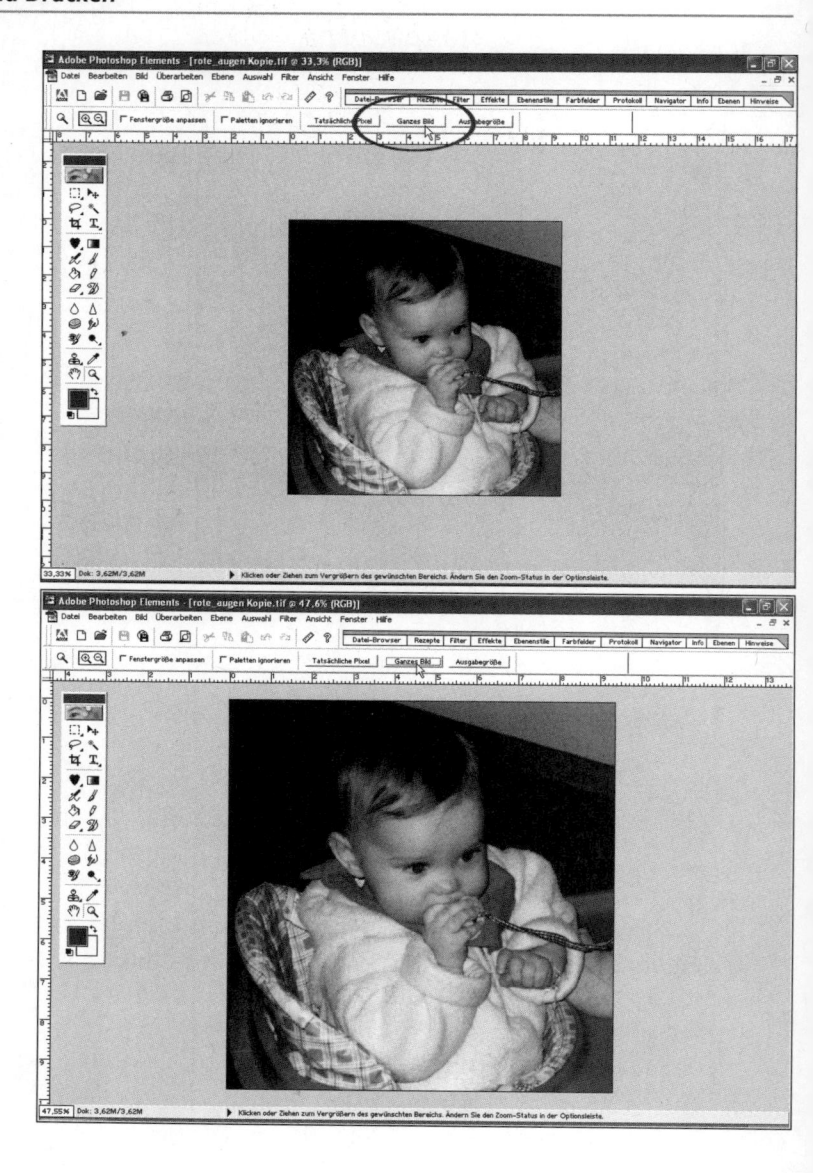

4 Die Funktion zur Einstellung von Helligkeit/Kontrast finden Sie unter dem Begriff *Überarbeiten* in der Menüleiste. Klicken Sie auf das Wort *Überarbeiten*. Es klappt ein Menü auf, in dem Sie die Worte *Helligkeit/Kontrast* finden. Zeigen Sie auf diese Worte. Es klappt

Die digitale Bildbearbeitung

noch ein Menü auf, und Sie sehen wieder *Helligkeit/ Kontrast*. Klicken Sie mit Ihrer linken Maustaste darauf: Das kleine Fenster *Helligkeit/Kontrast* erscheint auf Ihrem Bildschirm.

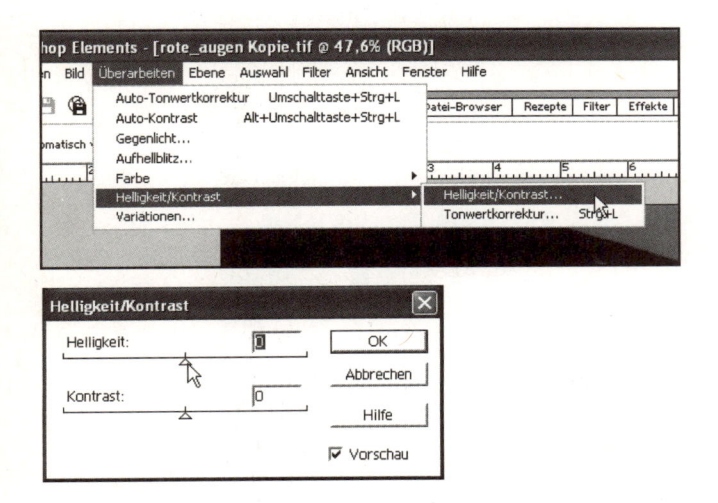

5 Das Fenster *Helligkeit/Kontrast* bietet Ihnen zwei Schieberegler an. Beide Regler stehen in der Mitte, Sie sehen zweimal den Wert Null. Das bedeutet, dass bisher keine Veränderung stattgefunden hat.

6 Zeigen Sie bitte mit Ihrem Mauszeiger auf einen der Schieberegler. Halten Sie die linke Maustaste gedrückt und bewegen Sie die Maus nach links oder rechts – der Schieberegler geht mit. Lassen Sie die linke Maustaste los, so bleibt der Schieberegler in der gewählten Position stehen. Mit dem Ziehen des Schiebereglers hat sich nun auch der Nullwert verändert. Sie sehen jetzt eine positive oder negative Zahl. Positiv bedeutet mehr Helligkeit, negativ bedeutet weniger. Das gleiche Prinzip gilt auch für den Schieberegler *Kontrast*.

Scannen und Drucken

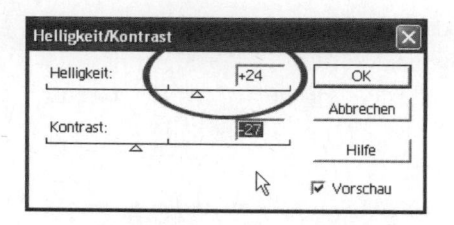

7 Wenn Sie das Fenster *Helligkeit/Kontrast* mit gedrückter linker Maustaste und dem Mauszeiger innerhalb der Titelleiste auf Ihrem Bildschirm zur Seite schieben, dann können Sie unmittelbar die Veränderungen von Helligkeit und Kontrast in Ihrem Bild mitverfolgen. Das ist die so genannte „Vorschau". Diese ist sehr hilfreich, um beurteilen zu können, wann die Schieberegler richtig eingestellt sind.

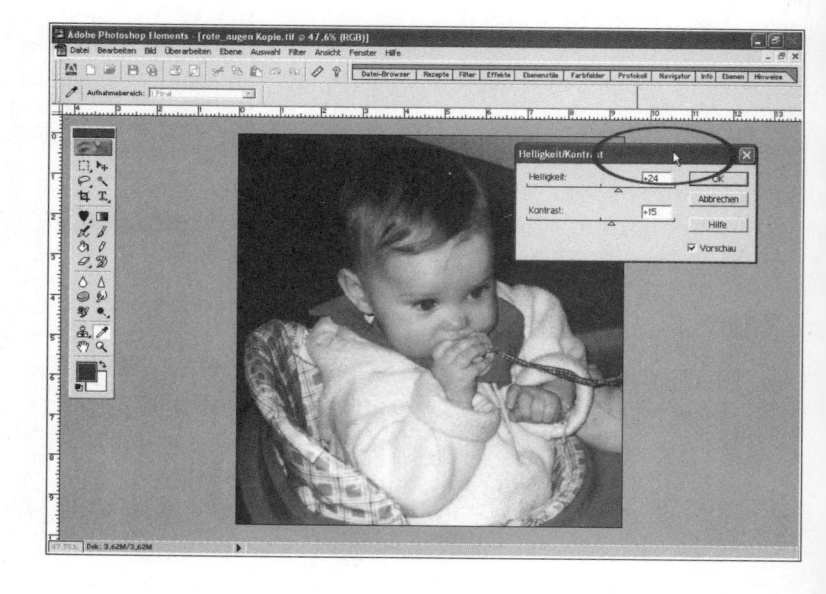

8 Sicherlich haben Sie schon bemerkt, dass das Bild auf kleinste Veränderungen reagiert. Probieren Sie nun verschiedene Positionen der Schieberegler aus, bis Sie

Die digitale Bildbearbeitung

anhand der Vorschau in dem Beispielbild denken: „So ist's gut." Bestätigen Sie dann die Einstellungen mit einem Klick der linken Maustaste auf den Button *OK*.

9 Das Fenster *Helligkeit/Kontrast* ist verschwunden. Sie sehen Ihr Beispielbild wieder und es sieht besser aus als vorher – Klasse! Nun können Sie dieses Bild in der Version mit veränderter Helligkeit speichern. Nehmen Sie dazu den Button *Speichern* in der Symbolleiste.

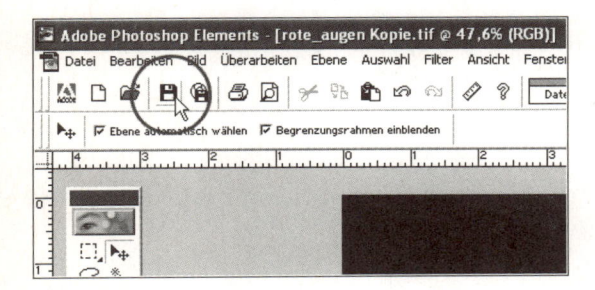

> Achten Sie bei Veränderungen von Helligkeit und Kontrast darauf, dass keine weißen bzw. sehr hellen Stellen im Bild entstehen. Diese zeigen sich in einem späteren Ausdruck evtl. als „weiße Löcher", da der Drucker nicht in der Lage ist, extrem helle Farbtöne im Übergang von hell zu weiß wiederzugeben.

RAT

Zur Erinnerung

↪ Unter Bildbearbeitung versteht man das Verändern und Gestalten digitaler Bilder.

↪ Sie können ein Bild in jede Richtung drehen, mit der Option *Bild* in der Menüleiste und anschließend mit der Option *Drehen*.

↪ Ein gut organisierter Arbeitsbereich auf dem Bildschirm erleichtert die Bildbearbeitung.

↪ Mit dem Lupenwerkzeug können Sie sich jeden Bildbereich stark vergrößert anzeigen lassen, um detaillierter zu arbeiten.

↪ Mit dem Werkzeug *Rote-Augen-Pinsel* retuschieren Sie rote Augen in einem Bild.

↪ Sie können die Werkzeugspitze des *Rote-Augen-Pinsels* in Ihrem Durchmesser und Wirkungsweise verändern, wenn Sie in der Optionsleiste die *Werkzeugspitzenpalette* aktivieren und auf eine andere Werkzeugspitze klicken.

↪ Mit dem *Freistellerwerkzeug* erstellen Sie Bildausschnitte.

↪ Speichern Sie immer eine Kopie, wenn Sie das Original behalten wollen.

↪ Achten Sie beim Schließen der Originaldatei darauf, in der Speicheraufforderung auf *Nein* zu klicken.

↪ Mit der Option *Helligkeit/Kontrast* können Sie die Brillanz eines Bildes anheben.

Weiterführende Bildbearbeitung

Los geht's

⇨ In diesem Kapitel lernen Sie die fortgeschrittene Bildbearbeitung kennen.

⇨ Sie erstellen Auswahlen, um Teilbereiche eines Bildes zu verändern.

⇨ Sie lernen das *Magnetische Lasso* kennen.

⇨ Sie lernen den *Zauberstab* kennen.

⇨ Sie lernen, wie Sie verschiedene Optionen von Auswahlwerkzeugen nutzen.

⇨ Sie machen praktische Übungen.

Erweiterte Bildbearbeitung mit Hilfe einer Auswahl

In der letzten praktischen Übung betrafen die Veränderungen der Kontrast- und Helligkeitswerte stets das ganze Bild. Nun gibt es Bilder, die nur einer partiellen Bearbeitung bzw. Korrektur bedürfen. Kein Problem! Natürlich ist es möglich, in einem Bild nur ganz bestimmte Bereiche zu verändern. Dazu erstellt man zunächst eine so genannte *Auswahl*. Mit dem Erstellen einer Auswahl machen Sie dem Programm Adobe Photoshop Elements klar, dass Sie nur Teilbereiche des Bildes verändern möchten, nämlich die innerhalb der Auswahl. Alle anderen Bildbereiche sollen so bleiben, wie sie sind.

Auswahlen können Sie mit mehreren Werkzeugen erstellen. Im folgendem lernen Sie zwei Auswahlwerkzeuge mit ihren Optionen kennen. Für die folgende Übung *partielle Auswahl* öffnen Sie bitte die Übungsdatei *bluete_ohne_blitz.tif* die sich unter *Kapitel 5 – Bilder* auf der dem Buch beiliegenden CD befindet.

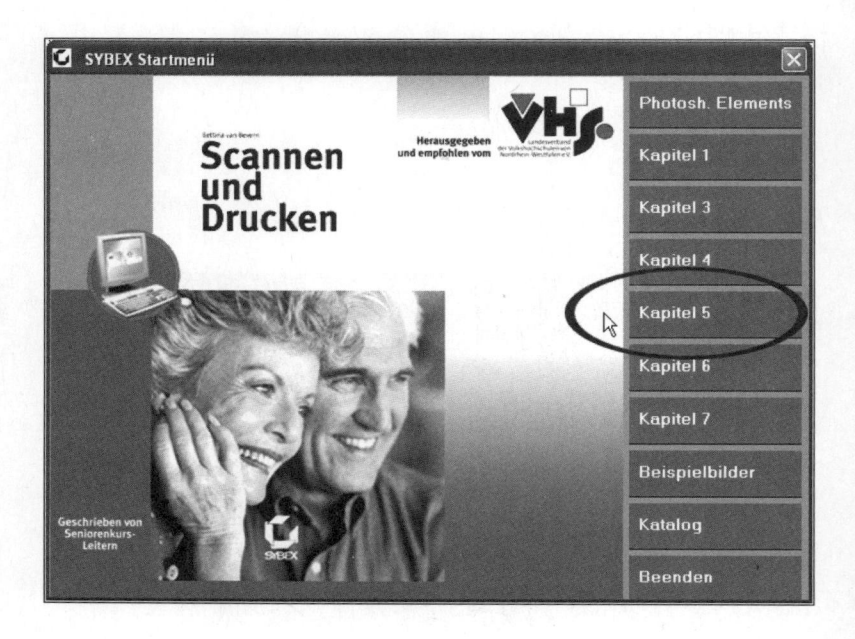

Weiterführende Bildbearbeitung

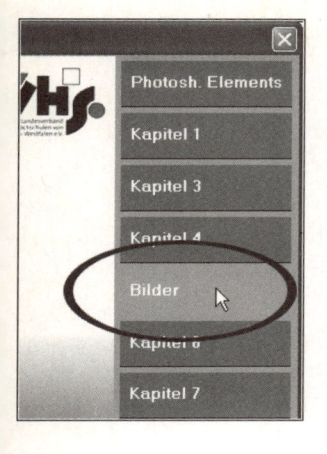

Schritt für Schritt – Helligkeit/Kontrast in einem Bildausschnitt verändern

1 In dem Bild *bluete_ohne_blitz.tif* sollen nur Helligkeit und Kontrast der Blüte angehoben werden. Gestalten Sie sich bitte wieder Ihren Arbeitsplatz – erinnern Sie sich? Maximieren Sie das Bildfenster und vergrößern Sie mit der Lupe die Blüte deutlich auf dem Bildschirm.

Scannen und Drucken

2 Für die Auswahl der Blüte benötigen Sie das Werkzeug *Magnetisches Lasso*, welches Sie nicht unmittelbar in der Werkzeugleiste auf Ihrem Bildschirm sehen können. Sie müssen es erst sichtbar machen, um es zu aktivieren. Dazu zeigen Sie mit Ihrem Mauszeiger auf das sehr kleine Dreieck an dem Werkzeug *Lasso* und halten die linke Maustaste gedrückt: Es klappt ein Angebot verschiedener „Lassos" auf, und Sie zeigen auf das letzte davon – das mit einem Magnetsymbol daran. Hier lassen Sie die Maustaste los und haben das Werkzeug *Magnetisches Lasso* aktiviert.

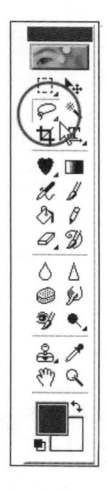

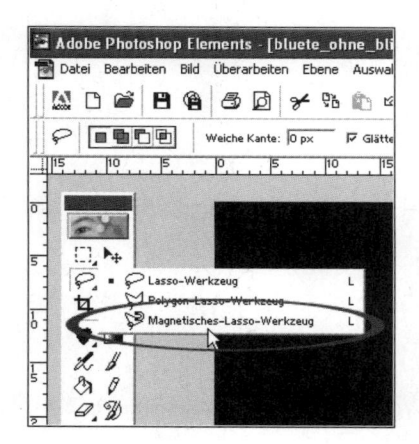

3 Das Werkzeug *Magnetisches Lasso* „erkennt" Farben und orientiert sich an diesen. Als Mauszeiger sehen Sie jetzt das Symbol des *Magnetischen Lassos*. Mit diesem Mauszeiger gehen Sie nun genau an die Grenze zwischen weißem Blütenblatt und dunklem Hintergrund und klicken dort einmal mit der linken Maustaste.

4 Nun führen Sie langsam Ihr Werkzeug, den Mauszeiger, dicht an der Kontur um die Blütenblätter entlang. Sie sehen, wie Ihnen eine Linie folgt, die sich ziemlich genau dem Rand des Blütenblattes anpasst. Durch den ersten Klick haben Sie dem Werkzeug *Magnetisches Lasso* die weiße Farbe als „Weg" vorgegeben. Sollte an schwierigen Stellen des Bildes das *Magnetische Lasso* nicht präzise arbeiten oder Ihnen gar „verwirrt" erscheinen, dann klicken Sie an der schwierigen Stelle erneut, um auch diesen Bereich auszuwählen.

Scannen und Drucken

5 Haben Sie das *Magnetische Lasso* um die gesamte Blüte herumgelegt? Dann kommen Sie zum Ausgangspunkt zurück, und an dieser Stelle Doppelklicken Sie bitte zügig mit der linken Maustaste! Die Auswahl „Blüte" ist erstellt. Sie sehen jetzt um Ihre Blüte eine Kontur, die an laufende Ameisen erinnert und die Auswahl bezeichnet.

RAT

Das *Magnetische Lasso* kann so lästig wie ein lang gezogener Kaugummi werden, wenn Sie sich vertan oder verheddert haben. Mit der (Esc)-Taste oben links auf Ihrer Tastatur können Sie die Aktivitäten des Werkzeugs unterbrechen und gegebenenfalls noch einmal von vorne beginnen.

Weiterführende Bildbearbeitung

6 Die Auswahl ist erstellt! Nun können Sie über den Menüpunkt *Überarbeiten* das Fenster *Helligkeit/Kontrast* aufrufen und die Einstellungen für den ausgewählten Bereich – die Blüte – verändern.

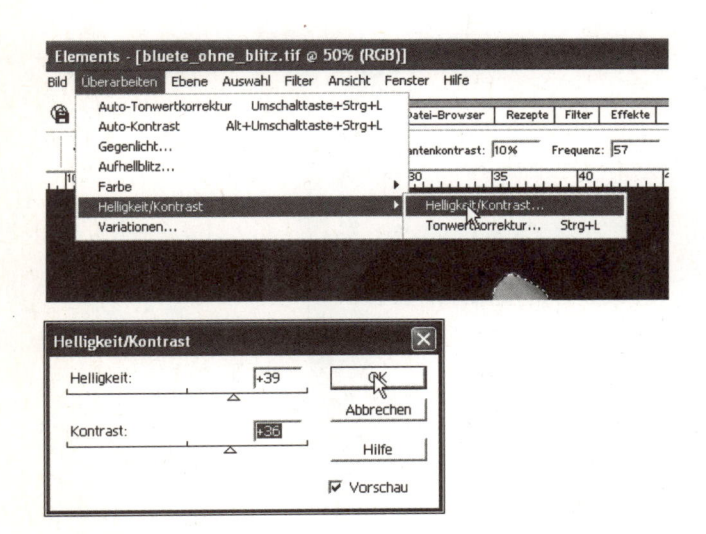

Scannen und Drucken

7 Ihre Blüte sieht nun gut aus, aber die „Ameisen" laufen immer noch. Da Sie die Auswahl nicht mehr benötigen, muss diese wieder aufgehoben werden. Das geschieht z. B. über den Menüpunkt *Auswahl* in Ihrer Menüleiste. Klicken Sie mit Ihrer linken Maustaste auf den Menüpunkt *Auswahl* und anschließend auf dem Menüpunkt *Auswahl aufheben* – Voilà! Die „Ameisen" sind verschwunden.

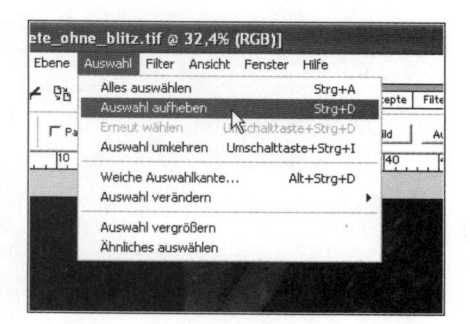

8 Der nächste Arbeitsschritt gehört zur wichtigen Routine am Bildschirm, gerade in der Bildbearbeitung. Haben Sie schon daran gedacht? Es wird Zeit, Ihr Werk zu speichern. Wollen Sie das ursprüngliche Bild mit der unretuschierten Blüte behalten, dann speichern Sie das Bild mit dem aufgehellten Motiv – also die retuschierte Fassung – über *Datei > Speichern unter*. So legen Sie eine Kopie an. Speichern Sie über den Schnellspeicherbutton in Ihrer Symbolleiste, so wird die originale Datei überschrieben (das geht natürlich nicht, wenn Sie das Bild von CD geöffnet haben!).

Das Werkzeug *Magnetisches Lasso* ist ein Auswahlwerkzeug. Es ist immer dann nützlich, wenn in Ihrem zu bearbeitenden Bild eindeutig farblich voneinander unterschiedene Motive oder Bereiche sind. Durch einmal klicken legen Sie einen Farbton fest, den sich das *Magnetische Lasso* „merkt", und Sie folgen einer farbigen Kontur mit dem Mauszeiger. Schwierige Stellen, an denen das Lasso die gewünschte Kontur schwer erkennen kann, erreichen Sie durch erneutes klicken. Haben Sie Ihren gewünschten Auswahlbereich einmal mit dem Werkzeug umrundet, doppelklicken Sie mit der linken Maustaste, und die Auswahl ist erstellt.

Einfarbige Flächen mit dem Zauberstab auswählen

Einfarbige und große Flächen mit dem *Magnetischen Lasso* auszuwählen ist zwar möglich, doch viel zu umständlich. Für große Flächen oder Bereiche von gleicher bis ähnlicher Farbe gibt es das Werkzeug *Zauberstab*. Dieses Werkzeug erkennt Farbtöne und wählt andere, ähnliche Farbtöne in der Umgebung mit aus, um so relativ automatisiert eine Auswahlfläche zu erzeugen. Öffnen Sie für die kommende Übung die Datei *zauberstab_uebung.tif*, die sich in dem Ordner *Kapitel 5 – Bilder* und dort im Unterordner *auswahl mit dem zauberstab* befindet. Organisieren Sie sich Ihren Arbeitsplatz.

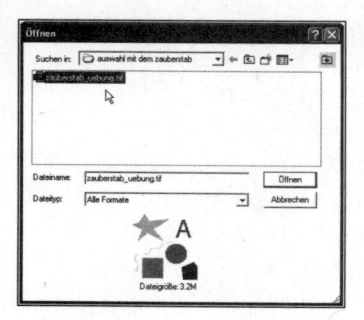

Scannen und Drucken

Datei öffnen, 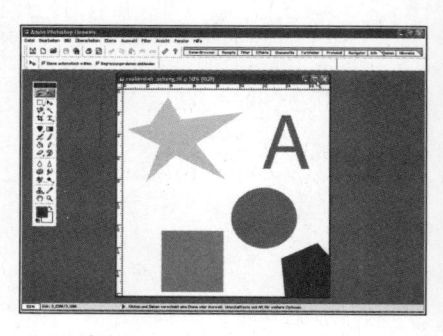 ...   ... Bildfenster maximieren, ...

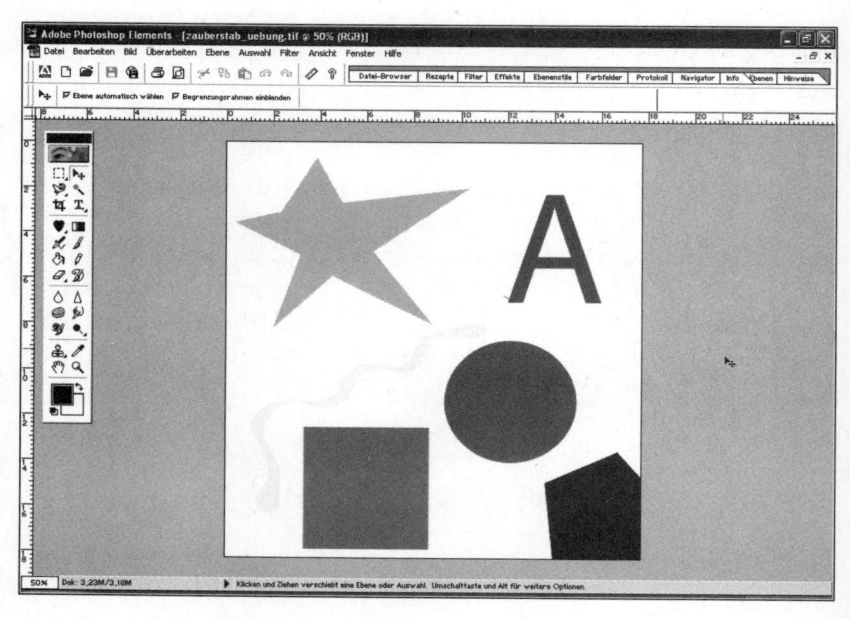

... und es geht los mit der Zauberstab-Übung!

Schritt für Schritt – das Arbeiten mit dem Zauberstab

1 In Ihrer Werkzeugleiste hat der *Zauberstab* ein eigenes Symbol. Sie aktivieren den *Zauberstab* durch einen

Weiterführende Bildbearbeitung

Mausklick (linke Taste) auf das entsprechende Symbol.

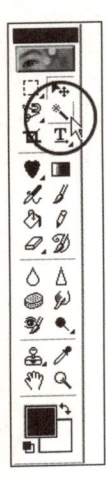

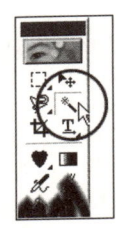

2 Ihr Mauszeiger sieht nun aus wie das Zauberstabsymbol. Zeigen Sie bitte mit dem Zauberstab auf die Sternform in Ihrem Beispielbild und klicken Sie einmal mit der linken Maustaste in diese hinein – voilà, die Sternform ist mit einem Mausklick komplett ausgewählt! Sie erkennen die Auswahl an der Kontur aus „laufenden Ameisen" um den Stern herum.

3 Klicken Sie zur Übung auch in die anderen Flächen hinein. Sie sehen: Unabhängig von der Form einer Fläche orientiert sich der Zauberstab immer an der Farbe des Objekts und erstellt die Auswahl. Klicken Sie ins Weiße des Bildes, so ist der Hintergrund komplett ausgewählt, und die Farbflächen sind von der Auswahl ausgespart. Über den Menüpunkt *Auswahl > Auswahl aufheben* können Sie die laufenden Ameisen und damit die erstellten Auswahlen wieder entfernen.

Erweiterte Funktionen des Zauberstabs

In der vorausgegangenen Übung haben Sie erfahren, dass durch den Klick mit dem Zauberstab eine Fläche gleicher oder ähnlicher Farbe ausgewählt wird. Sicherlich haben Sie bemerkt, dass durch Klick und Auswahl einer zweiten Fläche die vorige Auswahl stets verschwunden ist. Sie konnten immer nur eine Fläche auswählen.

Was ist aber, wenn Sie zwei oder drei Flächen zugleich in einem Bild auswählen möchten? Um mehrere Flächen auszuwählen oder auch eine Auswahl zu verkleinern, machen Sie sich nun mit der Optionsleiste des Zauberstabs vertraut. In der Optionsleiste bei aktivem Zauberstab finden Sie alles Notwendige, um die Funktion dieses Werkzeugs zu verändern.

Der erste, bekannte Zauberstab und seine Optionsleiste

Der Zauberstab, den Sie bereits kennen und benutzt haben, wählt einfach eine Fläche gleicher Farbe aus. Durch den Klick auf eine andere Fläche verschwindet die vorausgegangene Auswahl. Hier sehen Sie diesen Zauberstab und seine Optionsleiste:

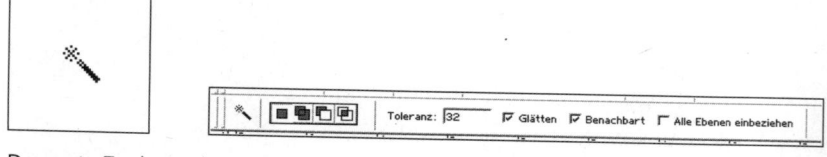

Der erste Zauberstab und seine unveränderte Optionsleiste

Weiterführende Bildbearbeitung

Der Zauberstab für mehrere Flächen

Um mehrere Flächen auszuwählen, klicken Sie in der Optionsleiste des Zauberstabs auf den Button *Der Auswahl hinzufügen*. Der Button sieht aus wie unten gezeigt, und der Zauberstab verändert sein Aussehen:

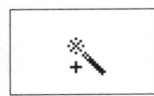

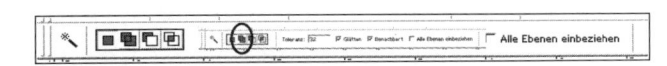

Der Button *Der Auswahl hinzufügen* und der dazugehörige Zauberstab

Das Pluszeichen an dem Zauberstabwerkzeug signalisiert Ihnen jetzt, dass Sie nacheinander beliebige Flächen anklicken können und der angeklickte Bereich jeweils Ihrer bereits bestehenden Auswahl hinzugefügt wird. Klicken Sie mit diesem Zauberstab in jede Farbfläche Ihres Übungsbildes *zauberstab_uebung.tif* – und schon laufen um jede Farbfläche die Ameisen!

Alle Farbflächen sind mit dem *Plus-Zauberstab* ausgewählt.

Der Zauberstab zum Verkleinern einer Auswahl

Mit dem *Plus-Zauberstab* fügen Sie Auswahlflächen hinzu, mit dem *Minus-Zauberstab* können Sie einzelne Flächen aus der Auswahl herausnehmen. Dazu aktivieren Sie den Button *Von Auswahl subtrahieren* in der Optionsleiste, und der Zauberstab verändert wieder sein Aussehen:

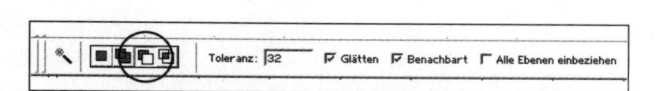

Der Button *Von Auswahl subtrahieren* und der dazugehörige Zauberstab

Mit einem Klick in einen bereits ausgewählten Bereich mit dem Minus-Zauberstab wird der angeklickte Bereich aus der bestehenden Auswahl herausgenommen. Haben Sie alle Farbformen in dem Übungsbild ausgewählt und klicken jetzt mit dem Minus-Zauberstab auf die Sternenform, so verschwindet die Auswahl um die Sternenform und die anderen Auswahlen bleiben erhalten. Probieren Sie es in Ihrem Übungsbild aus!

Der Zauberstab: Schnittmenge mit Auswahl bilden

Diese Variante, kurz benannt: *Schnittmengen-Zauberstab*, hat eine interessante Funktion, die Sie hier demonstriert sehen. Um den Schnittmengen-Zauberstab kennen zu lernen, sollten Sie in dem Übungsbild bitte keine Auswahl aktiv haben. Klicken Sie in der Menüleiste also auf *Auswahl* und dann auf *Auswahl aufheben*.

Aktivieren Sie nun den „normalen", einfachen *Zauberstab*, und klicken Sie mit ihm auf das türkise Quadrat in Ihrem Übungsbild – das Quadrat ist ausgewählt.

Weiterführende Bildbearbeitung

Mit dem einfachen Zauberstab in das Quadrat des Übungsbildes klicken

Nun kommt etwas Neues: Sie verschieben die Auswahl, den Auswahlrahmen, der jetzt noch um das markierte Quadrat liegt. Zeigen Sie mit dem noch aktiven Zauberstab in das ausgewählte Quadrat hinein. Ihr Mauszeiger wird zu einem anderen, neuen Symbol: Das Werkzeug *Auswahl bewegen*!

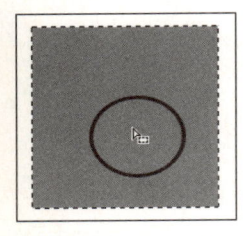

Das Werkzeug *Auswahl bewegen* sieht immer so aus.

Sie können nun, während Sie dieses Werkzeug sehen, mit gedrückter linker Maustaste die Auswahl – also die Kontur des Quadrates – an einen anderen Ort verschieben. Schieben Sie die Auswahl bitte so, dass Sie zum Teil das Quadrat und zum Teil den Kreis bedeckt. Während Sie dies tun, sehen Sie einen schwarzen Pfeil.

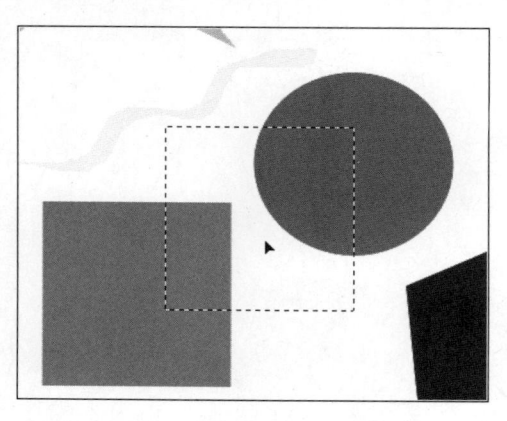

Die Auswahl mit gedrückter, linker Maustaste so verschieben, dass sie Quadrat und Kreis berührt

Nun kommt der *Schnittmengen-Zauberstab* in Aktion. Aktivieren Sie durch Klicken den Button *Schnittmenge mit Auswahl bilden*, und der Zauberstab verändert wieder sein Aussehen.

Der Button *Schnittmenge mit Auswahl bilden* und der dazugehörige Zauberstab

Mit diesem Zauberstab zeigen Sie nun auf den weißen Bereich in der quadratischen Auswahl-Kontur zwischen den farbigen Formen und klicken einmal mit der linken Maustaste. Ein neuer Auswahlbereich entsteht. Diese Funktion ist insbesondere für experimentierfreudige Bildbearbeiter geeignet!

Weiterführende Bildbearbeitung

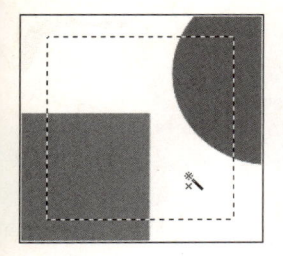

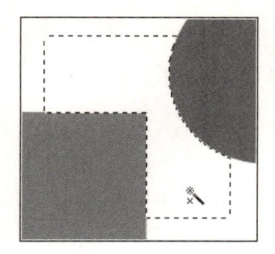

Mit dem Schnittmengen-Zauberstab auf den weißen Bereich klicken – und eine Auswahlschnittmenge entsteht!

Vielleicht probieren Sie das Ganze noch einmal mit einer anderen Auswahl. Dazu heben Sie die jetzige Auswahl auf und erstellen mit dem normalen Zauberstab z. B. im Stern eine neue.

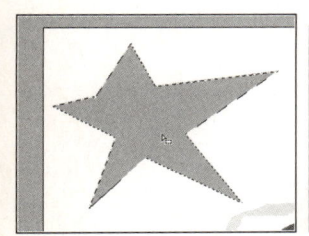

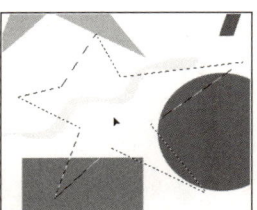

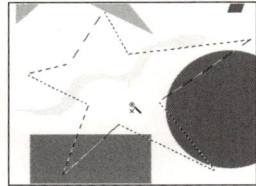

Die Sternenform auswählen, die Sternauswahl verschieben, mit dem Schnittmengen-Zauberstab auf den weißen Bereich klicken und …

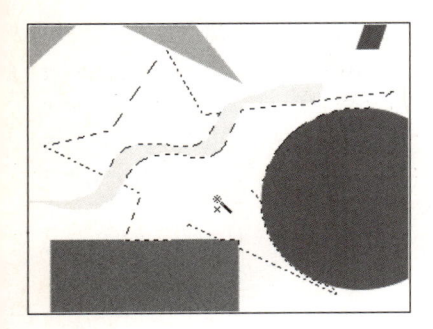

… eine andere, interessante Auswahlform ist entstanden.

Die Auswahleinstellungen des Zauberstabs gelten auch für andere Funktionen!

Jedes andere Auswahlwerkzeug, wie z.B. das *Magnetische Lasso*, bietet, wenn Sie es aktivieren, genau die gleichen Funktions-Varianten in der Optionsleiste an. Nehmen Sie sich irgendwann einmal Zeit, sie alle auszuprobieren! Einstellungen und Eigenschaften Ihres Auswahlwerkzeuges steuern Sie über die Optionsleiste. Kontrollieren Sie dort zuerst, falls eines Ihrer Werkzeuge anders arbeitet, als Sie erwarten!

Ausprobieren des Zauberstabs mit einem realen Bild

Um den Zauberstab noch besser verstehen und anwenden zu lernen, öffnen Sie bitte die Beispieldatei *zauberstab_uebung2.tif* im Ordner *Kapitel 5 – Bilder* und dort im Unterordner *auswahl mit zauberstab*.

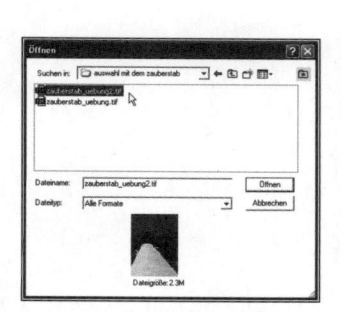

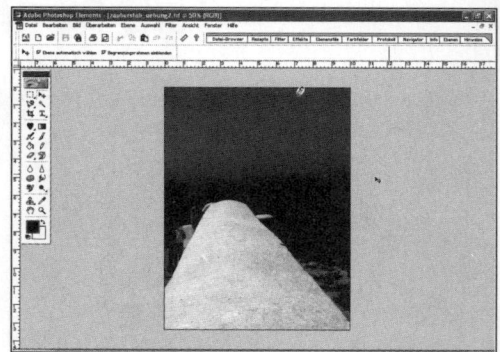

Datei öffnen und Arbeitsbereich für die zweite Zauberstabübung organisieren

In dem Beispielbild *zauberstab_uebung2.tif* soll nur der Himmel eine Verbesserung von Helligkeit und Kontrast bekommen. Um auf einfache Weise nur den Himmel auszuwählen, brauchen Sie den Zauberstab und seine Funktion aus der Optionsleiste *Der Auswahl hinzufügen*.

Schritt für Schritt – einen Himmel mit dem Plus-Zauberstab korrigieren

1 Aktivieren Sie bitte den *Zauberstab* und seine Funktion *Der Auswahl hinzufügen*, damit Sie den Zauberstab mit dem Pluszeichen bekommen.

2 Zeigen Sie nun mit dem Plus-Zauberstab auf den oberen Teil des Himmels in Ihrem Bild und klicken Sie einmal mit der linken Maustaste. Der obere Teil des Himmels ist ausgewählt.

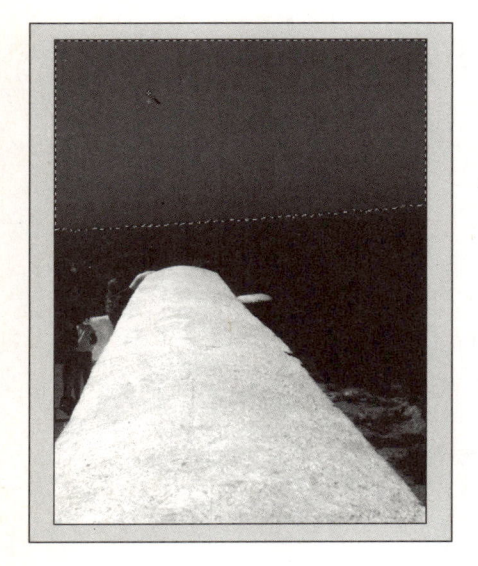

Scannen und Drucken

3 Um auch den Rest des Himmels mit in die Auswahl zu bekommen, zeigen Sie nun mit dem Zauberstab in den noch nicht ausgewählten Bereich des Himmels und klicken erneut mit der linken Maustaste. Auch der übrige Himmel wird mit in die Auswahl aufgenommen. Die Ameisen laufen nun um den ganzen Himmel des Bildes herum und sparen andere Bereiche der Abbildung aus, die nicht in die Auswahl sollen.

4 Rufen Sie nun die Option *Überarbeiten* > *Helligkeit/Kontrast* > *Helligkeit/Kontrast* in der Menüleiste auf und stellen Sie diese wie gewünscht mit den Schiebereglern ein.

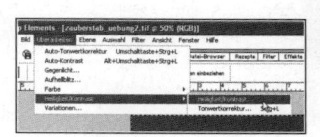

Weiterführende Bildbearbeitung

5 Haben Sie mit dem Button *OK* die Veränderung von Helligkeit und Kontrast bestätigt, laufen die „Ameisen" noch um den Bereich des Himmels. Heben Sie die Auswahl wie gewohnt im Menüpunkt *Auswahl > Auswahl aufheben* auf. Nun könnten Sie Ihr Bild als Kopie oder Original speichern.

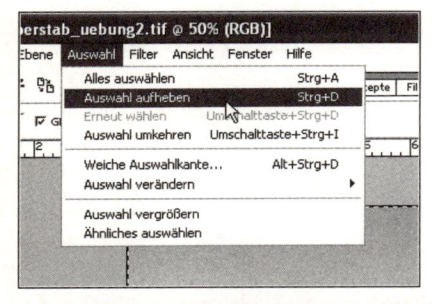

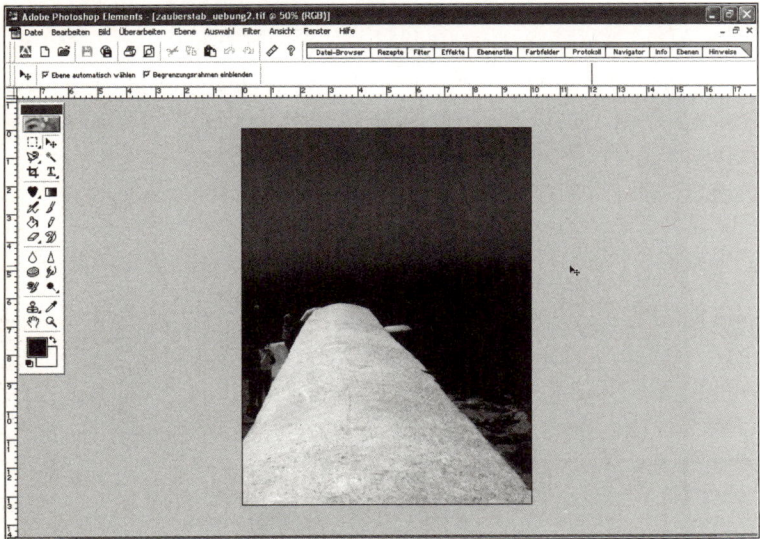

Sieht der Himmel jetzt nicht wieder richtig gut aus? Anhand des letzten Beispiels konnten Sie erfahren, wozu Sie z. B. den Zauberstab und seine Funktionen brauchen. Sie können den Himmel auch mit dem *Magnetischen Lasso* auswählen, doch das hätte wesentlich länger gedauert. So brauchten Sie nur zwei Mausklicks.

Die Bedeutung von Auswahlen kurz zusammengefasst

Auswahlen müssen Sie immer dann erstellen, wenn Sie nur bestimmte Teile eines Bildes verändern wollen. Nur mit dem Erstellen von Auswahlen können Sie dem Programm Adobe Photoshop Elements klar machen, dass Sie Teilbereiche eines Bildes meinen und nicht das Ganze. Oft ist die meiste Arbeit bei der Bildbearbeitung das Erstellen von Auswahlen. Achten Sie darauf, dass Ihre Auswahlen so genau wie möglich sind, damit Veränderungen in Ihrem Bild später nicht durch Fehler auffallen.

Zur Erinnerung

- ➪ Sie brauchen Auswahlen, um Teilbereiche eines Bildes zu verändern.
- ➪ Das *Magnetische Lasso* ist ein Auswahlwerkzeug und „erkennt" Farbkanten.
- ➪ Das Auswahlwerkzeug *Zauberstab* „erkennt" Farbflächen.
- ➪ In der Optionsleiste bei aktiviertem Auswahlwerkzeug können Sie verschiedene Wirkungsweisen einstellen.
- ➪ Je genauer eine Auswahl, umso besser die Bildbearbeitung!

Die künstlerische Bildbearbeitung mit Effekten

Los geht's

➪ In diesem Kapitel lernen Sie so genannte „Effektfilter" kennen.

➪ Sie verändern ein Bild künstlerisch durch den Filter *Eidechsenhaut*.

➪ Sie fügen „Fotoecken" in Ihr Bild ein.

➪ Sie erzeugen einen interessanten Rahmen um Ihr Bild.

➪ Sie bekommen Tipps für das weitere Entdecken von Bildbearbeitungsmöglichkeiten.

„Ein bisschen Spaß muss sein ..." gilt auch für die Bildbearbeitung

Bis jetzt haben Sie die „alltägliche" Bildbearbeitung kennen gelernt, die Retusche eines Bildes oder die Verbesserung seiner Farbqualität. Bildbearbeitung bietet darüber hinaus viel Raum für Kreativität und künstlerische Ansätze sowie – Freude an der Gestaltung!

Das Programm Adobe Photoshop Elements bietet Ihnen viele „Effektfilter" an, Funktionen, die ein Bild mit wenigen Mausklicks entscheidend verändern können. Es gibt Effekte, die ein Foto wirken lassen, als sei es mit einer Reptilienhaut überzogen, und vieles mehr.

Öffnen Sie bitte zum Üben der Effekte das Beispielbild *orangen.tif*, welches sich im Ordner *Kapitel 6 – Bilder* befindet, und organisieren Sie sich Ihren Bildschirm.

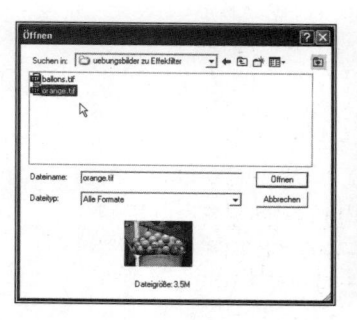

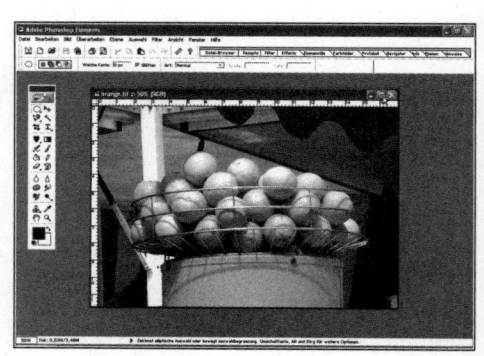

Datei öffnen, das Bildfenster maximieren und ...

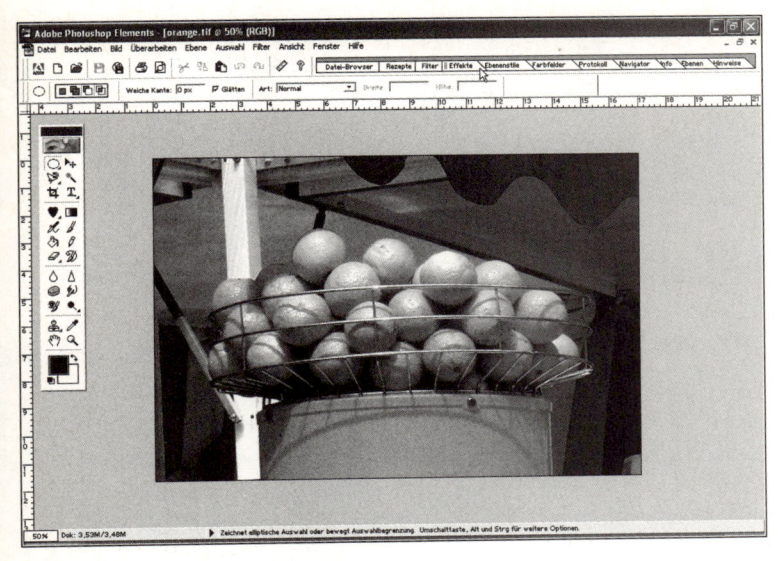

Die künstlerische Bildbearbeitung mit Effekten

... das Bild ist gut auf dem Bildschirm zu sehen.

Schritt für Schritt – Arbeiten mit Effektfiltern

1 Im Programmfenster von Adobe Photoshop Elements befindet sich oben rechts der Palettenraum mit verschiedenen Registern. Ein Register trägt den Namen *Effekte*. Zeigen Sie mit Ihrem Mauszeiger auf dieses Register und klicken Sie einmal mit der linken Maustaste – das Register *Effekte* klappt auf.

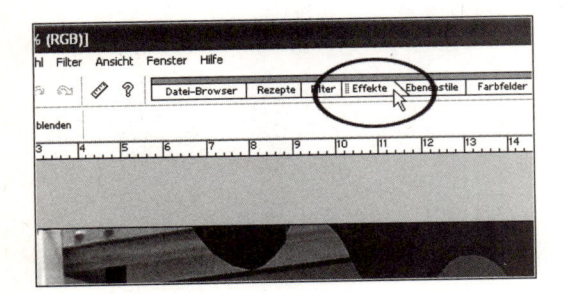

Scannen und Drucken

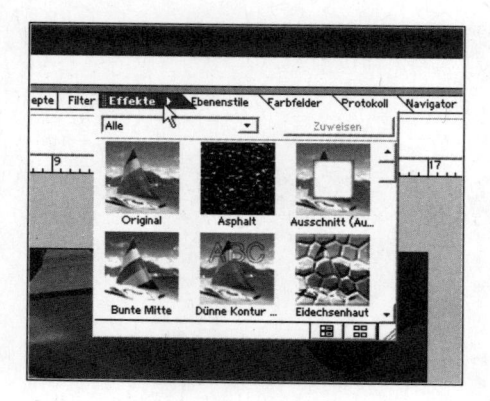

2 In dem aufgeklappten Menü – Fachbezeichnung „Pull down"-Menü (sprich: *pull daun*) – sehen Sie verschiedene Bildchen. Diese bieten Ihnen eine kleine Vorschau davon, wie Ihr Bild aussehen kann, wenn Sie den jeweiligen Filter anwenden. Die Bezeichnung der Filter lesen Sie unter den Bildchen.

3 Der erste Filter, den Sie ausprobieren, heißt *Eidechsenhaut* und den finden Sie unten rechts in dem Pull-down-Menü. Zeigen Sie mit Ihrem Mauszeiger auf das Bildchen des Filters und klicken Sie zügig doppelt mit der linken Maustaste darauf – damit wird der Filter aktiviert, und es findet etwas auf Ihrem Bildschirm statt.

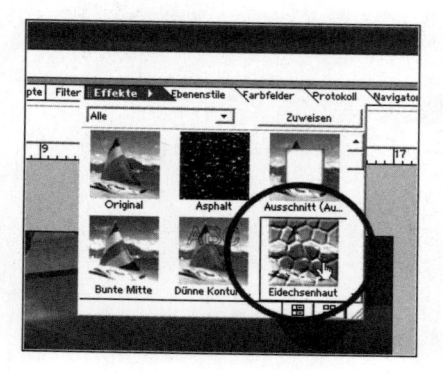

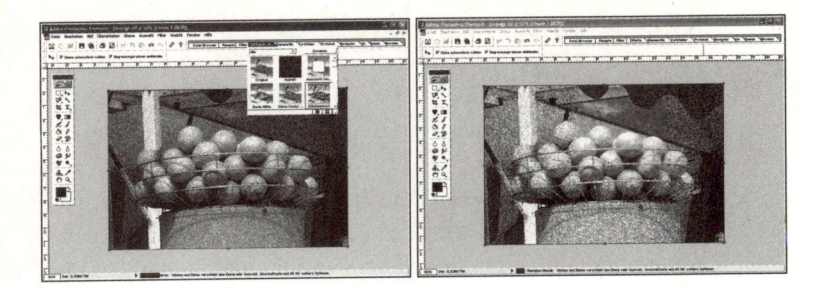

Die künstlerische Bildbearbeitung mit Effekten

4 Sollten Sie einen etwas älteren PC haben, dann kann dieser Prozess der „Verwandlung" etwas länger dauern. Wichtig ist, dass Sie ihn abwarten. Nach dem Anwenden des Filters werden Sie in einem erscheinenden Fenster gefragt, ob Sie den Filter, also die Veränderung in Ihrem Bild beibehalten wollen. Klicken Sie bitte auf *Nein*. Durch Klicken auf *Nein* wird das Bild wieder in seinen Ursprungszustand zurückversetzt, und Sie können einen anderen Filter ausprobieren.

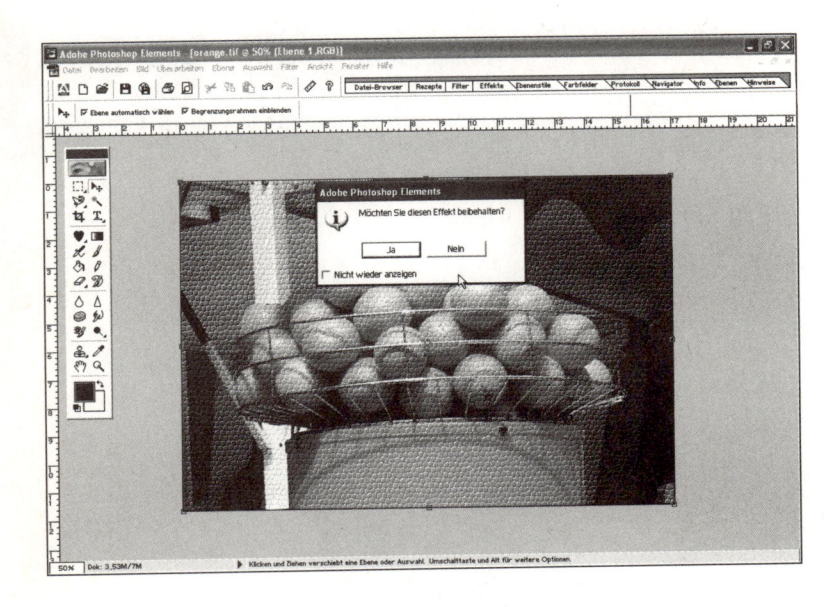

135

5 Öffnen Sie bitte erneut das Pull-down-Menü *Effekte*. In diesem Menü sind mehr Filter, als Sie momentan sehen können. An der rechten Seite des Menüs sehen Sie eine Bildlaufleiste – auch „Scrollbalken" genannt. Vielleicht wissen Sie schon, wie Sie diese mit Ihrem Mauszeiger bedienen können: Zeigen Sie mit Ihrem Mauszeiger auf den nach unten weisenden Pfeil und klicken Sie mit Ihrer linken Maustaste darauf. Die Effektfilter-Liste bewegt sich, und Sie sehen weitere Filter. Bewegen Sie so lange die Liste, bis Sie den Filter *Fotoecken* sehen können. Doppelklicken Sie nun auf das Bildchen des Filters *Fotoecken*, und das Bild mit den Orangen verändert sich erneut.

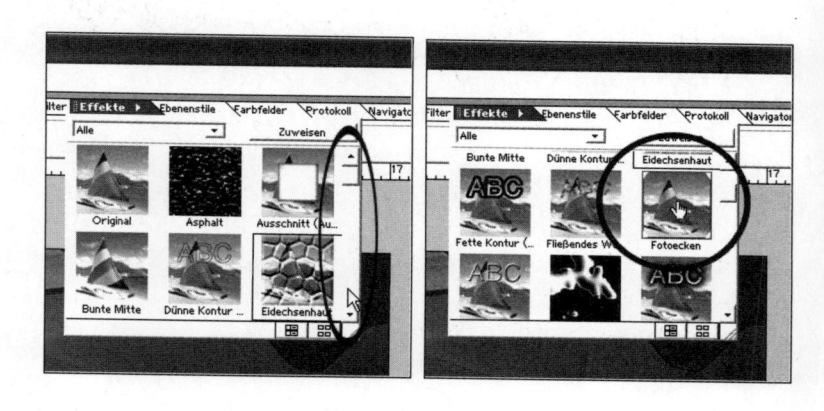

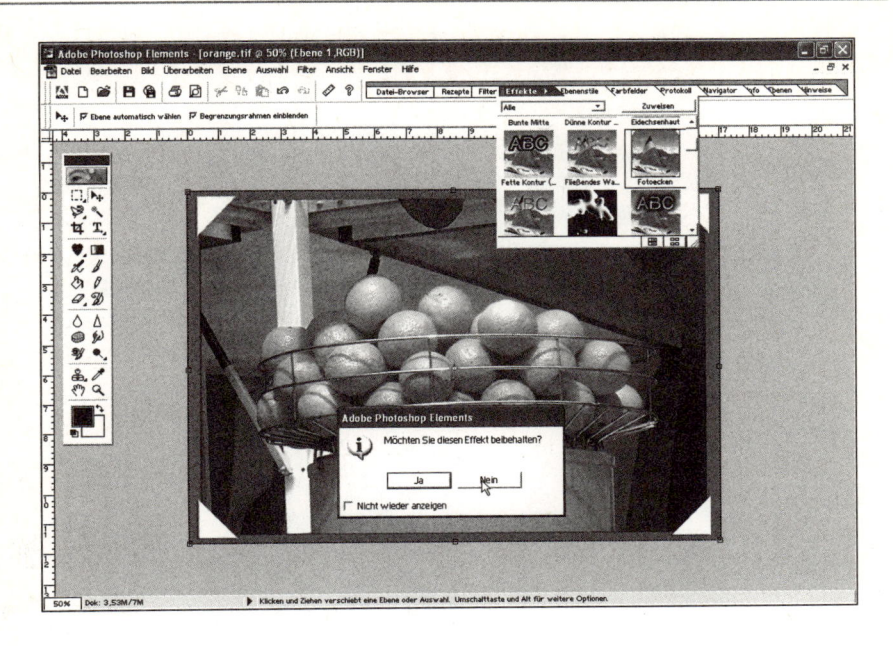

Die künstlerische Bildbearbeitung mit Effekten

6 Auch nach der Anwendung des *Fotoeckenfilters* werden Sie gefragt, ob Sie den Filter behalten wollen. Klicken Sie auch hier bitte auf *Nein*, damit das Bild mit den Orangen im Original erhalten bleibt und Sie noch einen Filter auszuprobieren können.

7 Öffnen Sie das Pull-down-Menü des *Effekte*-Registers – ein linker Mausklick auf das Register *Effekte* im Palettenraum –, und verwenden Sie wieder die Bildlaufleiste, bis Sie den Filter *Kräuselrahmen* sehen können. Doppelklicken Sie auf das Bildchen des Filters *Kräuselrahmen*, und Ihr Bild durchläuft erneut eine Metamorphose.

8 Am Rand des Bildes mit dem Kräuselrahmen sehen Sie im Hintergrund eine grau/weiße, gewürfelte Fläche. Dieser Hintergrund zeigt Ihnen an, dass Ihr Bild in diesem Bereich transparent, durchsichtig ist. Da sich Transparenz schwer darstellen lässt, haben die Programmierer von Adobe Photoshop Elements entschieden, diese durch einen grau/weiß gewürfelten Hintergrund kenntlich zu machen. Auf einem Ausdruck erscheint in diesen Bereichen also keine Farbe, sondern unbedrucktes Papier. Sie könnten jetzt bei der Frage, ob Sie den Filtereffekt beibehalten möchten, auf den Button *Ja* klicken und das Bild speichern.

Nun haben Sie drei verschiedene Filter ausprobiert. Es gibt natürlich weitere Filter! Einige davon funktionieren nur mit vorher erstellten Auswahlen: Sie können diese Filter dann auf zuvor festgelegte Teilbereiche des Bildes anwenden. Wie Sie die Teilbereiche dafür festlegen, haben Sie im vorangegangenen Kapitel: *Weiterführende Bildbearbeitung* erfahren. Seien Sie neugierig und probieren Sie zum Spaß andere Filter aus!

Effekte sind ein Beweis der vielfältigen Möglichkeiten digitaler Bildbearbeitung. Vielleicht lassen einige Effekte Sie staunen, geben Raum fürs Spielen und Probieren. Die Arbeit mit Menü, Palettenraum, Auswahlen etc. übt Hand und Verständnis für Ihre EDV.

Die Filter-Übungen waren nun das letzte Kapitel zum Thema Bildbearbeitung in diesem Buch. Hier sind für Sie einige Tipps, mit deren Hilfe Sie die Möglichkeiten der Bildbearbeitung mit Adobe Photoshop Elements noch detaillierter erkunden:

- Befassen Sie sich mit weiteren Auswahlmöglichkeiten! Diese machen das A und O in der Bildbearbeitung aus.

- Durchstöbern Sie den Elements-Lehrgang, um Neues kennen zu lernen.

- Klicken Sie mal auf das Register *Rezepte* im Palettenraum! Hier gibt es eine Menge anderer Arbeitsschritte zu sehen.

Viel Freude beim Entdecken neuer Möglichkeiten!

Noch ist Ihr Buch nicht zu Ende – ein weiteres Kapitel liegt vor Ihnen und verlangt Ihre Aufmerksamkeit für ein entscheidendes Thema: Im folgenden Kapitel: *Bilder erfolgreich drucken* lernen Sie, Ihr digitales Bild gut aufs Papier zu bringen!

Zur Erinnerung

➪ So genannte „Effekte" erzeugen automatisch künstlerische Verfremdungen von Bildern.

➪ Im Palettenraum von Adobe Photoshop Elements finden Sie das Register *Effekte*.

➪ Durch einen Klick auf den bildlich dargestellten Effekt im Register wird die automatische Verfremdung des Bildes in Gang gesetzt.

Bilder erfolgreich drucken

Los geht's

⇨ In diesem Kapitel geht es um das Ausdrucken digitaler Bilder.

⇨ Sie erstellen Ihren ersten Ausdruck aus dem Programm Adobe Photoshop Elements.

⇨ Sie erfahren etwas über den optimierten Ausdruck mit der Druckvorschau.

⇨ Sie lernen Grundbegriffe zur Bedienersoftware Ihres Druckers und nehmen Druckereinstellungen vor.

⇨ Sie erfahren Wichtiges zum Thema Papier.

⇨ Sie sparen Geld, wenn Sie einige Tipps beachten.

⇨ Sie erfahren, wie Sie lange Freude an Ihrem Drucker haben.

Ihr Drucker – ein unbekanntes Wesen?

Sicher haben Sie zu Ihrer Computeranlage und der Ausstattung für Ihren PC-Arbeitsplatz auch einen Drucker angeschafft. Nun steht er da und hat Ihnen bereits einige Dienste geleistet. Ist ein Drucker einmal angeschlossen und hat seinen ersten Ausdruck erfolgreich absolviert, wird er in den seltensten Fällen genauer unter die Lupe genommen. Das lohnt sich aber, wenn man weiß, worauf zu achten ist. Bei der Lektüre dieses Kapitels könnte sich herausstellen, dass einiges in Ihrem Drucker steckt, von dem Sie bisher keinen Gebrauch gemacht haben.

Für die nächsten *Schritt für Schritt*-Übungen öffnen Sie bitte das Beispielbild *ballons.tif*, welches Sie in dem Ordner *Kapitel 7 – Bilder* finden. Organisieren Sie sich bitte wieder Ihren Bildschirm.

Datei *ballons.tif* öffnen, das Bildfenster maximieren und …

Bilder erfolgreich drucken

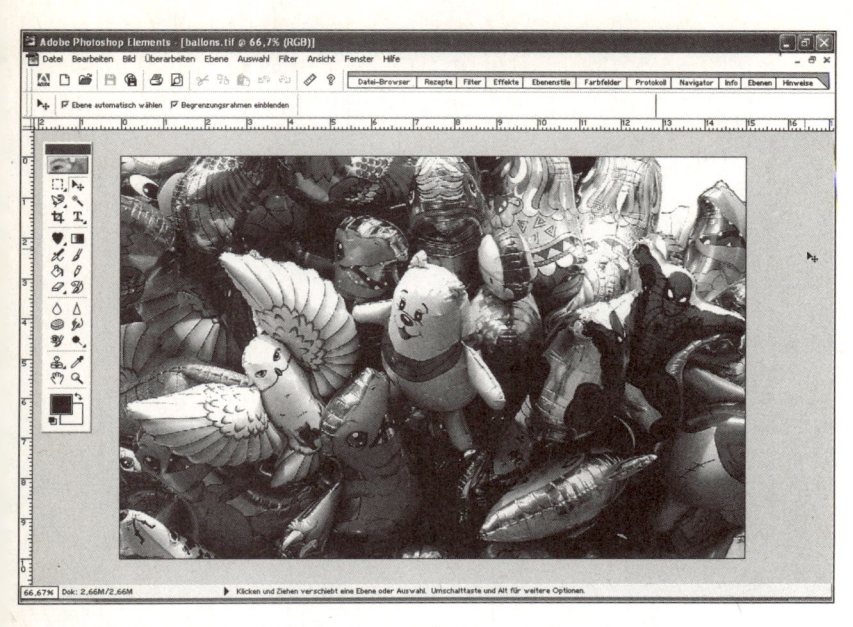

... Ihr Bildschirm ist bereit für das erste Arbeiten mit Ihrem Drucker!

Schritt für Schritt – der einfache Ausdruck mit Adobe Photoshop Elements

1 Um das Bild mit den Ballons auszudrucken, gehen Sie mit Ihrem Mauszeiger auf den Button *Drucken* (das kleine Druckersymbol!) in der Symbolleiste von Adobe Photoshop Elements und klicken einmal mit der linken Maustaste darauf. Das Fenster *Drucken* öffnet sich.

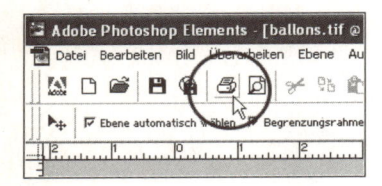

143

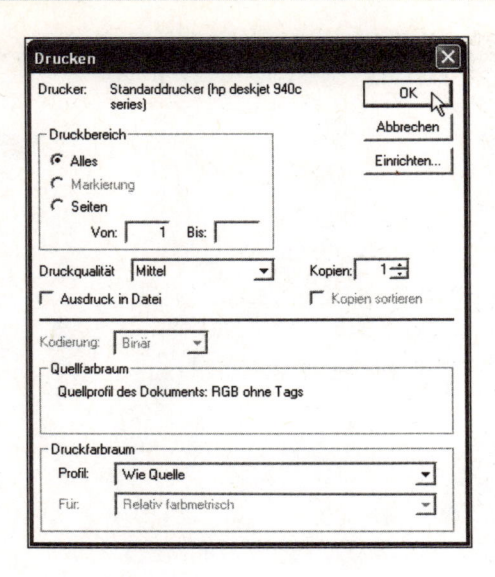

2 Achten Sie darauf, dass Ihr Drucker jetzt betriebsbereit ist: Er ist eingeschaltet (brennt die Kontrollleuchte?), Papier liegt im Papierfach und die Druckerpatronen sind eingesetzt. Klicken Sie dann im Fenster *Drucken* einfach auf den Button *OK*, und Ihr Drucker wird anfangen zu arbeiten.

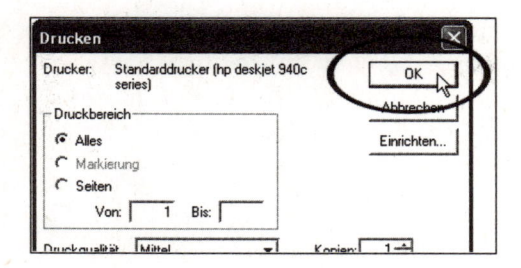

Bilder erfolgreich drucken

Der optimierte Ausdruck mit der Druckvorschau

Ist das Beispielbild *ballons.tif* in Photoshop Elements noch geöffnet? Gut! Um die Druckvorschau zu aktivieren, klicken Sie bitte einmal mit der linken Maustaste auf den Button *Druckvorschau* in der Symbolleiste. Das Fenster *Druckvorschau* öffnet sich auf Ihrem Bildschirm.

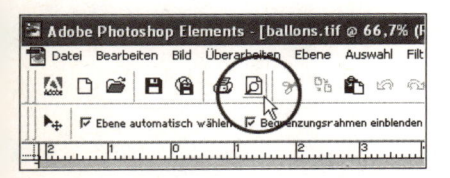

Der Button *Druckvorschau* in der Symbolleiste

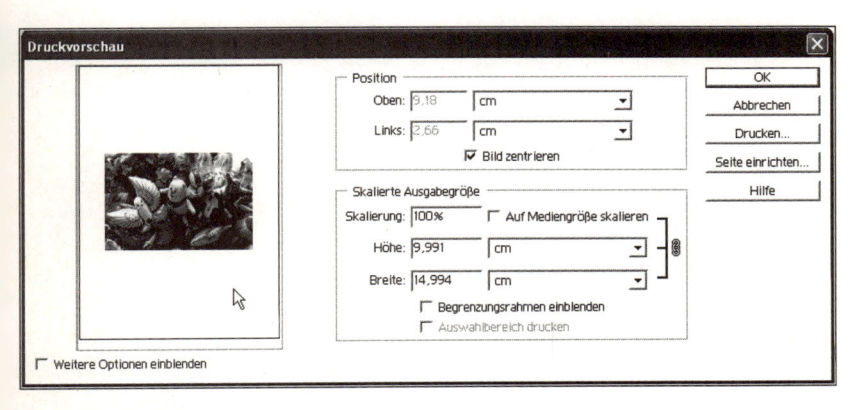

Das Fenster *Druckvorschau*

Im Fenster *Druckvorschau* gibt es eine Menge zu sehen und einzustellen. Sie finden im Folgenden einige wichtige Punkte, mit denen Sie Ihren Ausdruck einrichten und optimieren können.

Papier, Format und Proportionen

Auf der linken Seite des Fensters sehen Sie immer eine Darstellung des Papiers (in der Regel ein Blatt im Format DIN A4), welches bedruckt wird. Die Position des Bildes auf dem Blatt entspricht den momentanen Einstellungen – die Seite ist DIN A4 groß, hochformatig und das Foto wird in seiner vorgegebenen Größe mittig auf die Seite gedruckt.

Vorschau für die Platzierung des Motivs auf der zu bedruckenden Seite

Das Bild dem Papierformat anpassen

Mit einem Mausklick können Sie ein Häkchen setzen, welches Ihr Foto automatisch so groß macht, wie es für den Ausdruck auf der hochformatigen DIN A4-Seite möglich ist. Relativ in der Mitte des Druckvorschaufensters finden Sie eine Optionsüberschrift mit dem Namen *Skalierte Ausgabegröße*. Rechts darunter befindet sich ein weißes Kästchen, neben dem *Auf Mediengröße skalieren* steht. Klicken Sie einmal mit der linken Maustaste in dieses weiße Kästchen. Ein Häkchen erscheint, und die Darstellung der Druckvorschau links im Fenster hat sich verändert. Sie sehen nun das Ballonbild, größer und die komplette Breite des Blattes ausfüllend. Klicken Sie erneut in das Kästchen *Auf Mediengröße skalieren*, so

Bilder erfolgreich drucken

verschwindet das Häkchen wieder und das Bild springt zurück in seine ursprüngliche Größe.

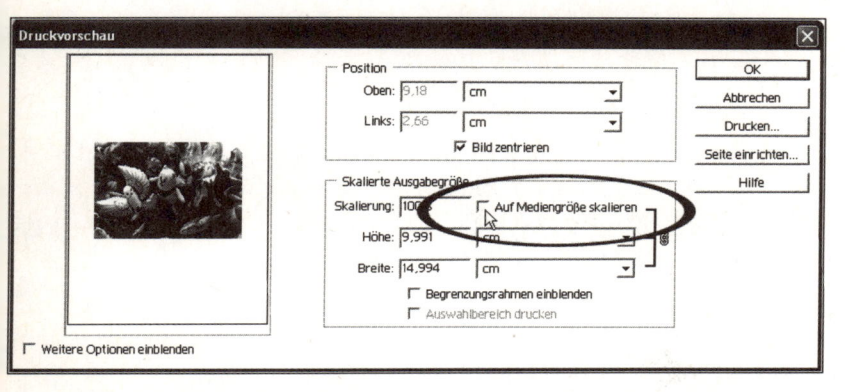

Mit dem Mauszeiger auf das weiße Kästchen vor *Auf Mediengröße skalieren* zeigen und ...

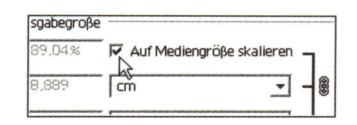

... einmal mit der linken Maustaste klicken. Das Häkchen ist gesetzt, und ...

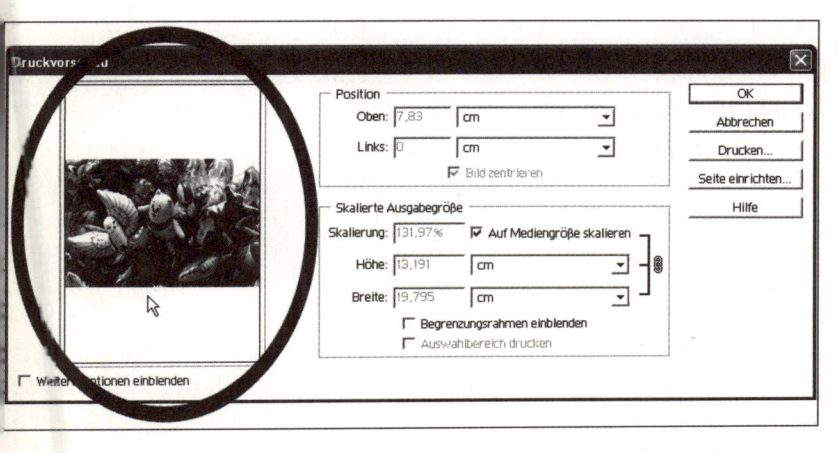

... das Ballonbild wird automatisch so groß, wie das Papierformat es zulässt.

Das Bild von Hand proportional genau der Seite anpassen

Das Häkchen von *Auf Mediengröße skalieren* passt automatisch die Größe des zu druckenden Bildes an das Papierformat an.

Das ursprünglich in der Druckvorschau dargestellte Format wird immer mit 100 % bezeichnet. Sie können diesen Wert selbst von Hand verändern, solange die automatische Skalierung nicht aktiviert ist. Bei automatischer Skalierung gibt der Wert im Feld *Skalierung* an, um wie viel das ursprüngliche Bild durch die Anpassung an das Papierformat vergrößert wurde.

Nun werden Sie den Wert im Feld *Skalierung* per Hand verändern. Achten Sie darauf, dass *Auf Mediengröße skalieren* nicht mit einem Häkchen markiert ist, denn dann lässt sich im Bereich *Skalierung* nichts verändern! Haben Sie das Häkchen entfernt, erscheint im Feld *Skalierung* wieder die Angabe 100 %. Zeigen Sie nun mit Ihrem Mauszeiger auf das Feld *Skalierung*, klicken Sie einmal mit Ihrer linken Maustaste rechts neben den Prozentwert, der dort steht, und löschen Sie alle Zahlen mit Ihrer Korrekturtaste. Nun können Sie über Ihre Tastatur einen neuen Wert eingeben, z. B. „20 %". Sie sehen, wie sich die Vorschau wieder verändert und das Bild geschrumpft ist.

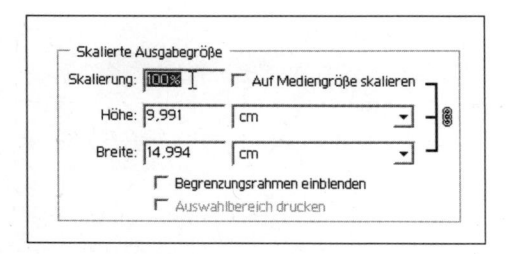

Ersetzen Sie bei *Skalierung* den Wert *100 %* ...

Bilder erfolgreich drucken

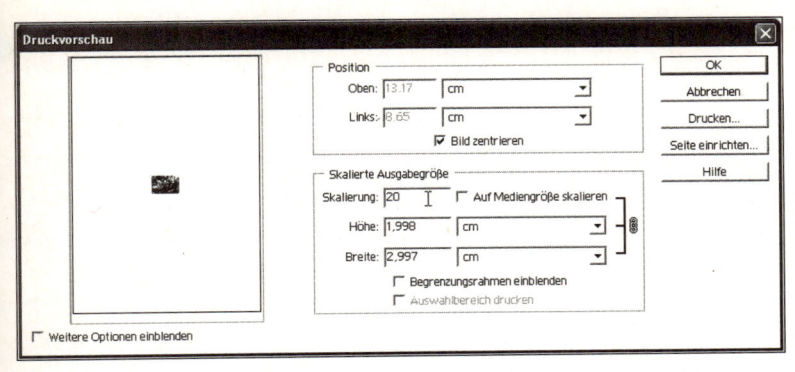

... durch 20 %, und das Foto auf der virtuellen Seite ist geschrumpft.

Gestalten Sie Bildformat und Ausdruck individuell

Es ist nicht einfach, über die Angabe der prozentualen Werte das schönste und passendste Bildformat herauszufinden. Es gibt allerdings eine Funktion, durch die Sie frei nach „Gusto" Ihr Bild auf der Seite vergrößern und verkleinern können. Dazu benötigen Sie die Funktion *Begrenzungsrahmen einblenden*, die Sie durch ein Häkchen aktivieren. Der Begrenzungsrahmen wird eingeblendet.

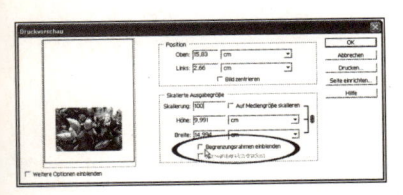

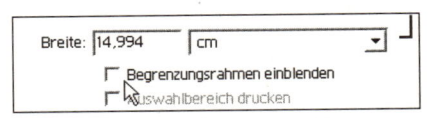

Mit einem Mausklick das Häkchen vor *Begrenzungsrahmen einblenden* setzen

Durch Aktivierung der Funktion *Begrenzungsrahmen einblenden* erscheint um Ihr Bild links auf dem virtuellen Ausdruck ein Rahmen, der, wie Sie es schon kennen, kleine Quadrate an jeder Ecke hat. Zeigen Sie mit dem Mauszeiger auf eines der Quadrate. Der schwarze Doppelpfeil erscheint, und Sie können mit gedrückter, linker Maustaste den Rahmen durch Ziehen mit dem Doppelpfeil verändern. Durch Ziehen des Rahmens ziehen Sie das gesamte Bild größer oder kleiner. Diese Art der Skalierung ist sehr praktisch!

Scannen und Drucken

Die Ansicht des Begrenzungsrahmens und der schwarze Doppelpfeil

RAT — Ob Sie Ihr Bild automatisch oder per Hand vergrößern: Bedenken Sie, dass Sie die Anzahl der Pixel damit nicht erhöhen – wird das Bild zu groß, so leidet das Druckergebnis! Sollten Sie das Bild vergrößert haben und der Ausdruck sieht nicht gut aus, dann müssen Sie es wieder verkleinern, damit die Qualität der Wiedergabe stimmt.

Das Bild auf dem Papier positionieren

Automatisch wird Ihr zu druckendes Bild mittig auf dem Papier positioniert. Das können Sie ändern, wenn sie möchten. Dazu müssen Sie das Häkchen von *Bild zentrieren* mit der linken Maustaste entfernen („wegklicken").

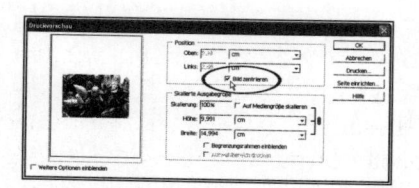

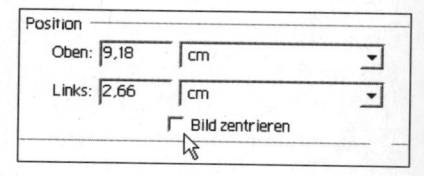

Das Häkchen vor *Bild zentrieren* wegklicken

150

Ist das Häkchen nicht mehr zu sehen, werden die Einstellungsoptionen *Oben* und *Links* deutlich sichtbar und aktiv. In den Feldern rechts neben den beiden Optionen können Sie nun per Tastatur feste Zentimeterwerte eingeben, nachdem Sie mit der linken Maustaste in jeweils einen dieser Bereich geklickt haben. Sie bestimmen die Entfernung des Motivs vom oberen und linken Rand des Blattes. Wollen Sie z.B. über dem Motiv 10 cm Platz behalten, vielleicht, um etwas dorthin zu schreiben, geben Sie in das Feld der Option *Oben* „10" als Wert ein und achten darauf, dass die Angabe *cm* zu sehen ist.

Den Drucker direkt einstellen

Alle Einstellungen, die Sie bis jetzt vorgenommen haben, geschahen im Programm Adobe Photoshop Elements. Sie können weitere Ausdrucksverbesserungen erzielen, wenn Sie die Einstellungen des Druckers selbst verändern. Jeder Drucker hat eine eigene Bedienersoftware, die mit dem Anschließen des Druckers an die Computeranlage installiert sein sollte. Diese Software kann von jedem Programm aus aufgerufen werden. Dadurch können Sie z.B. von Hochformatdruck auf Querformat umstellen oder eine bestimmte Papiersorte auswählen, damit der Ausdruck brillanter wird. Folgend finden Sie Beschreibungen der Druckereinstellungen des Druckermodells HP Deskjet 940C. Vielleicht sehen Ihre Druckereinstellungen anders aus, wenn Sie ein anderes Druckermodell besitzen – doch im Wesentlichen sind die einstellbaren Werte und die Bedienung aller farbigen Tintenstrahldrucker gleich.

Die Druckqualität einstellen

Um die Bedienersoftware des Druckers aufzurufen, klicken Sie in dem *Druckvorschaufenster* von Adobe Photoshop Elements auf den Button *Seite einrichten*. Ein neues Fenster mit dem Titel *Drucker einrichten* erscheint. Klicken Sie in diesem Fenster auf den Button *Eigenschaften*, und ein weiteres Fenster öffnet sich. Dieses hat den Titel *Eigenschaften Ihres Druckermodells* – in diesem Beispiel *Eigenschaften von hp deskjet 940c series*.

Scannen und Drucken

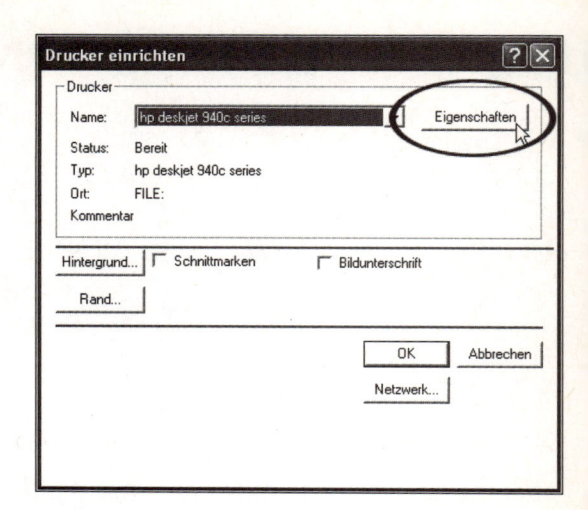

Ein Klick auf den Button *Seite einrichten*, im neuen Fenster ein Klick auf den Button *Eigenschaften*, und ...

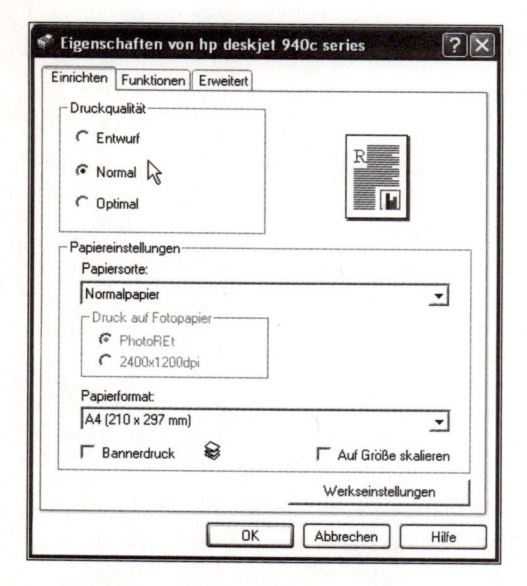

... die Bedienersoftware Ihres Druckers wird aufgerufen.

In dem Beispiel der Bedienersoftware des Druckers *HP Deskjet 940C* kann man die Qualität/Menge der Tinte, die beim Druck

Bilder erfolgreich drucken

aufgetragen wird, einstellen. Es gibt drei verschiedene Möglichkeiten – als Standard ist der Modus *Normal* vorgegeben.

Die Einstellung der Druckqualität beeinflusst den Tintenverbrauch.

Die Druckqualität *Normal* erzeugt Ausdrucke, die zügig vonstatten gehen, eine mittlere, meist ausreichende Qualität haben und für den täglichen Gebrauch gut geeignet sind.

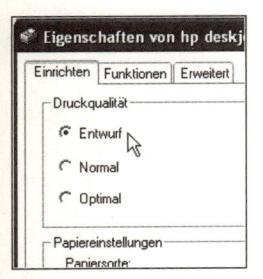

Drucken in Entwurfsqualität spart auch Tinte.

Die Druckqualität *Entwurf* erzeugt Ausdrucke niedrigster Qualität. Es ist allerdings die schnellste Ausdruckmöglichkeit und gut geeignet, wenn Sie „mal eben" etwas ausdrucken, ansehen, probieren wollen.

153

Scannen und Drucken

> **RAT**
>
> Für die Sparfüchse: Drucken Sie öfter etwas aus, nur um zu sehen, wie es auf dem Papier erscheint, dann verwenden Sie immer den *Entwurf*-Modus. Dies ist nämlich auch der günstigste Ausdruck, weil weniger Tinte auf das Papier aufgebracht wird. Erst die endgültige Version erstellen Sie dann in optimierter Qualität.

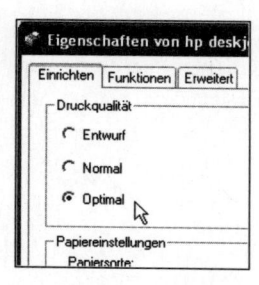

Optimal erzeugt einen satten Ausdruck mit hoher Auflösung.

Die Druckqualität *Optimal* holt alles aus Ihrem Drucker heraus, was er zu bieten hat. Für exzellente Fotoausdrucke oder tolle Einladungskarten ist dieser Modus am Besten. Allerdings ist diese Art des Druckens auch die langsamste und kostenintensivste, da hier die meiste Tinte verbraucht wird – und der Drucker benötigt mehr Zeit.

Bei anderen Druckermodellen finden Sie Bezeichnungen für die Beschreibung der Druckqualität wie *Economy*, *Business* oder *Präsentation*. Diese Begriffe folgen dem gleichen Prinzip und meinen *Economy = Entwurf*; *Business = Normal*; *Präsentation = Fotoausdruck*. Manchmal können Sie auch eine eigene Qualität einstellen, das ist jedoch für ungeübte Anwender nicht ratsam.

Das richtige Papier sorgt für einen guten Ausdruck!!

Die Wahl des Papiers ist ein entscheidender Faktor für einen guten Ausdruck. Drucken Sie „für den Alltag", reicht „normales" Papier aus, das Sie günstig z.B. in jedem Kopiercenter bekommen können: 500 Blatt für ca. 3 bis 4 Euro. Bei normalem Papier wirken Ausdrucke ein wenig verwaschen. Das liegt daran, dass die Tinte auf der Oberfläche des Papiers zusammenläuft

Möchten Sie sehr gute Ausdrucke mit Fotoabzugqualität produzieren, dann greifen Sie zu Fotopapier. Dieses Papier ist in seiner Oberfläche so beschaffen, dass es die klitzekleinen Tintentröpfchen Ihres Druckers sehr gut und schnell aufnehmen kann und diese auf dem Papier nicht zusammenlaufen. Dadurch entstehen gestochen scharfe Ausdrucke, die (mit einem guten Drucker gedruckt) von „echten" Fotoabzügen aus dem Fachgeschäft kaum mehr zu unterschieden sind. Die Hersteller der Drucker bieten zu ihren Modellen speziell auf die verschiedenen Druckertypen abgestimmt hauseigenes Fotopapier an. In diesen Packungen sind 20 bis 50 Blatt enthalten, und sie kosten ca. 10 bis 20 Euro. Sie sehen, dass der fotorealistische Ausdruck kostspielig ist.

Es gibt auch andere Hersteller, die Fotopapier für gute Ausdrucke anbieten, doch die Preise sind in etwa gleich. Es kann passieren, dass Sie für „Fremdpapier" viel Geld ausgeben und die Ausdrucke auf Ihrem Drucker doch nicht so gut werden. Der Erfolg der Druckerhersteller wie Canon oder Hewlett Packard in der Erzielung guter Ausdrucke beruht auf einer geheimen(!) Formel für Tintenqualität im Verhältnis zu einer bestimmten Oberflächenbeschaffenheit des Papiers.

Verwenden Sie eine bestimmte Papiersorte, so sollten Sie Ihrem Drucker das mitteilen. „Weiß" Ihr Drucker, auf welches Papier er druckt, so ändert er Konsistenz und Druckpunktabstand der einzelnen Tintentröpfchen, um die Qualität des Papiers optimal zu nutzen.

Im Fenster des Beispieldruckers *Eigenschaften von hp deskjet 940c series* können Sie sehr viele unterschiedliche Papiersorten anwählen. Gewählt wird durch Klick auf den schwarzen Pfeil rechts neben dem Eintrag unter der Option *Papiersorte* – standardmäßig ist *Normalpapier* eingestellt.

Scannen und Drucken

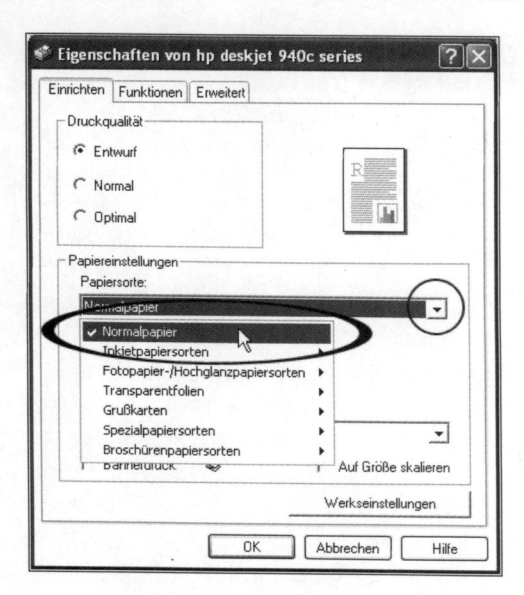

Ein Klick auf den Pfeil vor *Papiersorte*, und eine Liste klappt auf.

Verwenden Sie z. B. Fotopapier des Herstellers Hewlett Packard, geben Sie diese Wahl dem Drucker wie folgt an: Zeigen Sie in der Papiersortenliste auf den Punkt *Fotopapier/Hochglanzpapiersorten* – die Liste klappt auf. Suchen Sie die entsprechende Papierbezeichnung aus der neu aufgeklappten Liste heraus, zeigen Sie mit dem Mauszeiger darauf und klicken Sie einmal (linke Maustaste) – voilà, Ihr verwendetes Papier ist ausgewählt!

Bilder erfolgreich drucken

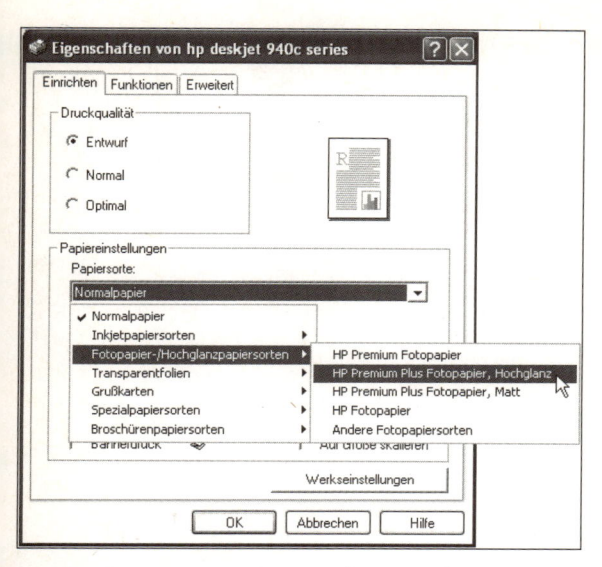

Eine bestimmte Fotopapiersorte des Herstellers Hewlett Packard einstellen

Natürlich können Sie auf die gleiche Art und Weise auch andere Papiersorten einstellen.

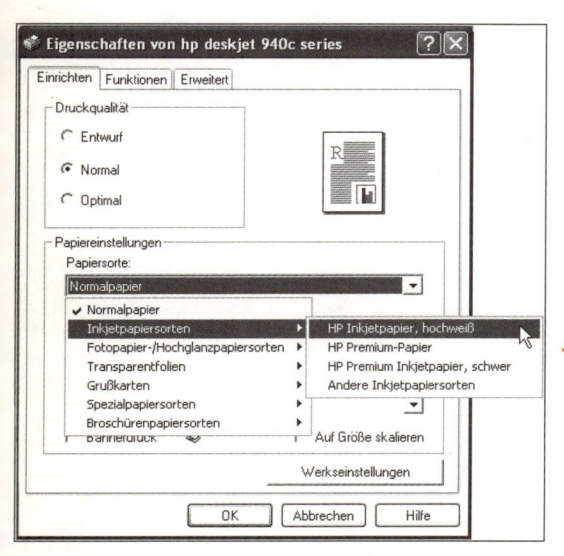

Auch andere Papiersorten können so eingestellt werden.

157

Das Papierformat einstellen und zweiseitig drucken

Das Beispielbild *ballons.tif* ist querformatig. Die Standardausrichtung des Papiers für den Ausdruck ist hochformatig. Wenn Sie das Ballonbild optimal in der Größe des ganzen Papier ausdrucken möchten, so müssen Sie das Papier auf Querformat drehen. Das tun Sie, indem Sie mit Ihrem Mauszeiger auf das Register *Funktionen* zeigen und einmal mit der linken Maustaste klicken. Das Register *Funktionen* kommt dadurch deutlich in den Vordergrund, und Sie sehen bereits die Einstellungsmöglichkeiten zu *Ausrichtung*.

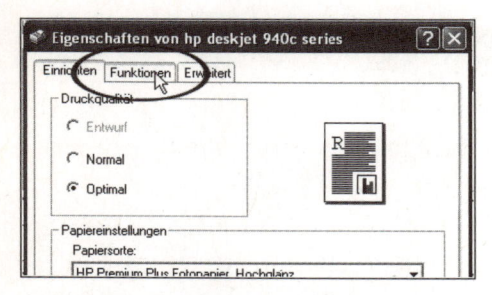

Auf das Register *Funktionen* klicken, und...

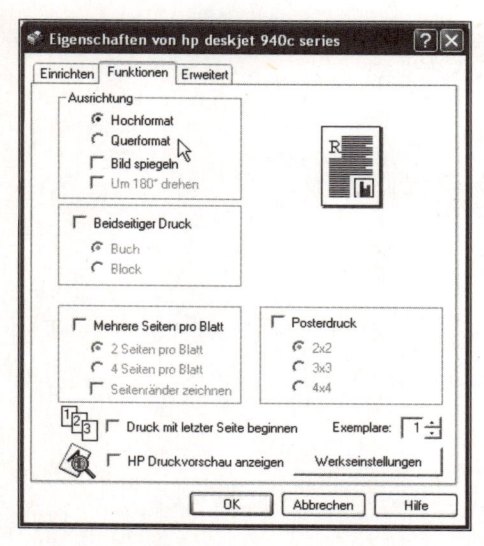

... die zugehörige Registerkarte kommt deutlich nach vorne.

Im Register *Funktionen* setzen Sie mit einem Mausklick auf den weißen, runden Bereich neben *Querformat* – linke Maustaste! – einen schwarzen Punkt, und schon ist die Druckausrichtung von Hochformat auf Querformat geändert. Natürlich können Sie so auch hochformatig wieder einstellen, wenn Sie in den weißen runden Bereich neben *Hochformat* klicken.

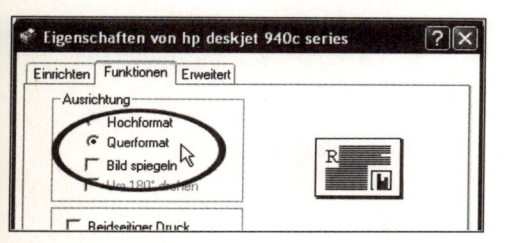

Mit einem Klick den Punkt setzen, und schon ist Querformat eingestellt.

Möchten Sie einen zweiseitigen Ausdruck, so setzen Sie mit einem Mausklick ein Häkchen vor *Beidseitiger Druck*. Mit einem Punkt vor der Option *Buch* oder *Block* verändern Sie die Art des beidseitigen Ausdruckes.

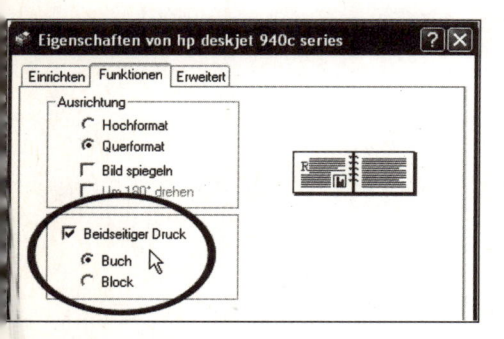

Ein Häkchen setzen, und *beidseitiger Druck* ist aktiv.

Scannen und Drucken

Ein Farbbild in Graustufen drucken und Tinte sparen

Es gibt noch ein drittes Register mit dem Namen *Erweitert* im Fenster *Eigenschaften von hp deskjet 940c series*. Bitte holen Sie dieses mit einem linken Mausklick darauf nach vorne.

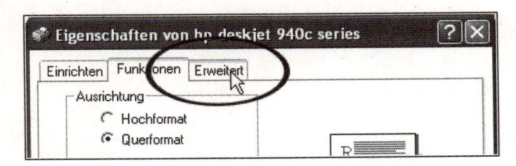

Das Register *Erweitert* einmal mit der linken Maustaste anklicken, und ...

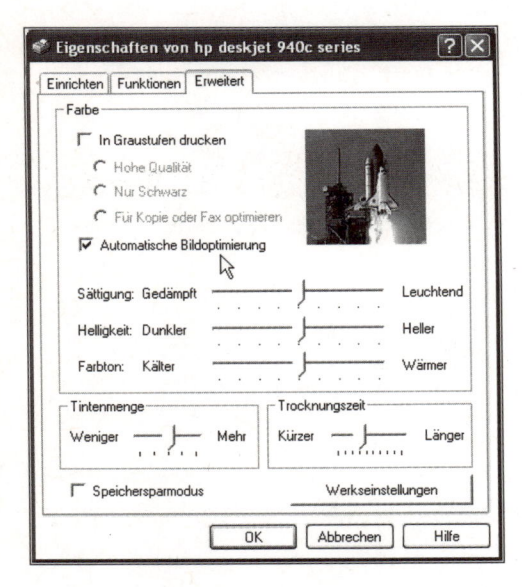

... und die zugehörige Registerkarte rückt in den Vordergrund.

Setzen Sie mit einem Mausklick ein Häkchen bei *In Graustufen drucken*, so wird Ihr farbiges Bild in einer Schwarz-Weiß-Version nur mit der schwarzen Tinte gedruckt. Alle Farbschattierungen und Abstufungen werden in Graustufen übersetzt. Für Konzeptionsausdrucke ist diese Form des Ausdrucks hervorragend geeignet, da dadurch die teure, farbige Tinte gespart werden kann.

Bilder erfolgreich drucken

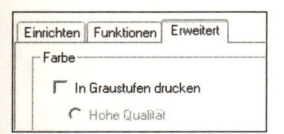

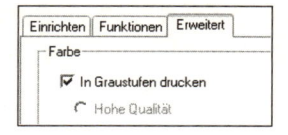

Mit einem Klick farbige Bilder in schwarz-weiß drucken

Ein anderes Häkchen in diesem Einstellungsfenster sollte unbedingt immer aktiv bleiben, und zwar das Häkchen bei *Automatische Bildoptimierung*. Jeder Druckerhersteller hat eine eigene Forschungsabteilung, die nichts anderes tut, als Farbe, Tinte und Ausdrucksqualität für digitale Bilddaten auszuloten, um möglichst immer das beste Ergebnis zu bekommen. Mit dem Häkchen *Automatische Bildoptimierung* aktivieren Sie sozusagen das Knowhow dieser Abteilung. „Hinter" diesem Häkchen befindet sich eine Softwaresteuerung, die die Farben Ihres Bildes „erfasst" und daraufhin den Auftrag der Tinte auf das Papier optimiert.

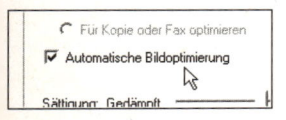

Die *Automatische Bildoptimierung* am Besten immer aktiv lassen

Sie sehen, dass in dem Register *Erweitert* noch andere Farbeinstellungen möglich sind – etwa *Sättigung, Helligkeit* und *Farbton*. Lassen Sie diese Einstellungen am besten so, wie sie vom Hersteller vorgegeben sind. Wenn Sie hier etwas verstellen, kann es zum Beispiel sein, dass die Farben auch beim Ausdruck aus anderen Programmen plötzlich verändert aussehen.

> Möchten Sie Farbeinstellungen vornehmen wie *Sättigung, Helligkeit* und *Farbton*, oder eventuell einen Farbstich aus Ihrem Bild herausnehmen, so tun Sie das immer im Programm Adobe Photoshop Elements als Bildbearbeitung – hier haben Sie gute Möglichkeiten, die Farben Ihres Bildes zu verändern.

RAT

Die Druckereinstellungen abschließen

Nun haben Sie eine Menge Einstellungsmöglichkeiten Ihres Druckers kennen gelernt. Diese Möglichkeiten haben Sie übrigens aus jedem Programm heraus, wenn Sie die Eigenschaften Ihres Druckers aktivieren.

Klicken Sie bitte nun auf den Button *OK* unten im Fenster *Eigenschaften von ... <Ihr Drucker>* und schließen Sie es damit. Sie sehen nun wieder das Fenster *Drucker einrichten* – schließen Sie auch das mit einem linken Mausklick auf den Button *OK*. Sie kehren zurück zu dem *Druckvorschaufenster* von Adobe Photoshop Elements.

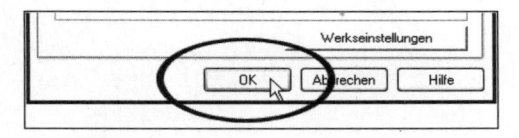

Auf den Button *OK* klicken, das Fenster *Eigenschaften Ihres Druckers* schließt sich.

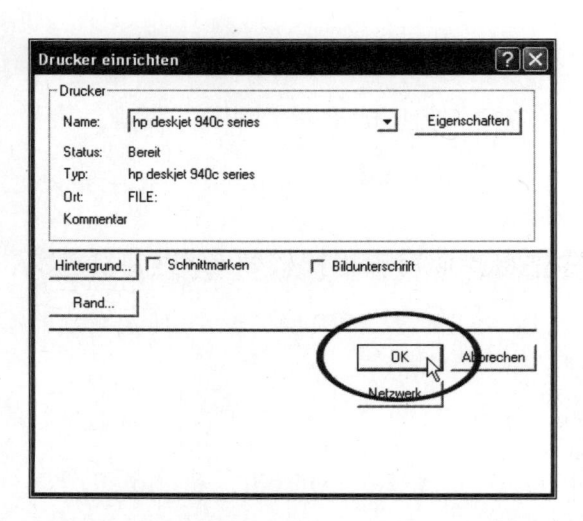

Schließen Sie das Fenster *Drucker einrichten* auch mit einem Klick auf den Button *OK*, und ...

Bilder erfolgreich drucken

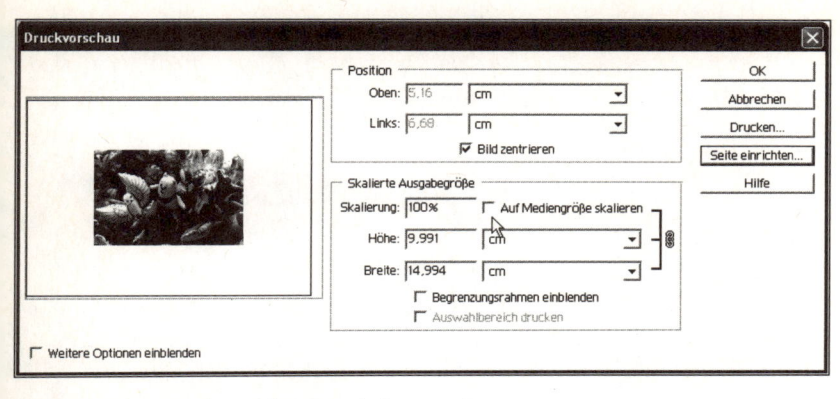

... das Fenster *Druckvorschau* ist wieder zu sehen.

Im Fenster *Druckvorschau* erscheint nun eine wesentliche Änderung: Das Papier hat sich von Hochformat zu Querformat gedreht. Wenn Sie nun das Häkchen bei *Auf Mediengröße skalieren* setzen, dann wird Ihr Ballonbild genau in die Seite eingepasst.

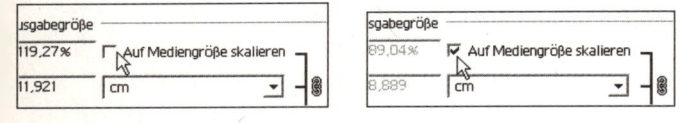

Das Häkchen bei *Auf Mediengröße skalieren* aktivieren, und...

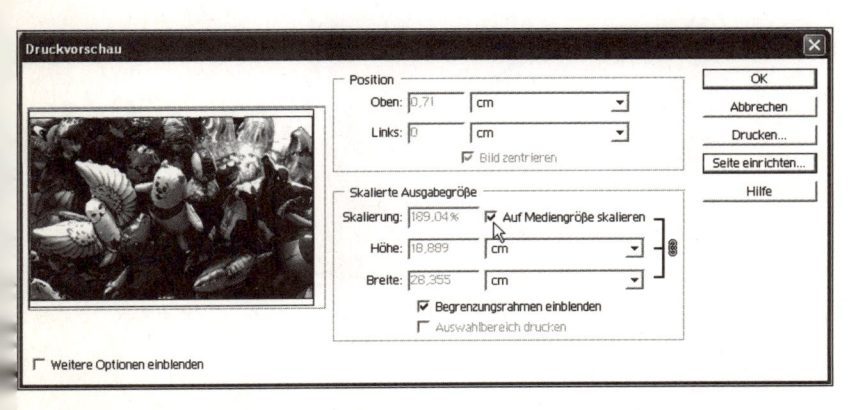

... das Ballonbild wird auf die Größe der ganzen Seite gebracht.

Scannen und Drucken

Um das Bild nun zu drucken, klicken Sie mit der linken Maustaste auf den Button *Drucken*. Das Fenster *Drucken* erscheint auf Ihrem Bildschirm, und Sie müssen noch eine kleine Einstellung vornehmen.

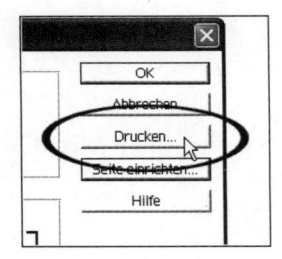

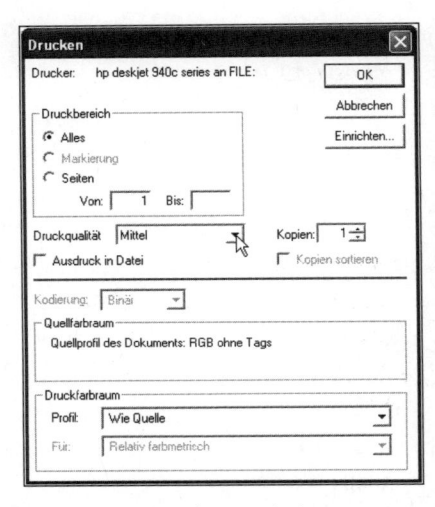

Auf den Button *Drucken* klicken, und das Fenster *Drucken* erscheint.

Im Fenster *Drucken* müssen Sie die Qualität des Ausdrucks noch einmal einstellen. Klicken Sie dazu mit Ihrer linken Maustaste auf den Pfeil neben *Druckqualität* – eine Liste klappt auf. Bewegen Sie die recht kleine Bildlaufleiste mit den Pfeilen so lange, bis Sie die Option *Hoch* sehen, und klicken auf *Hoch*.

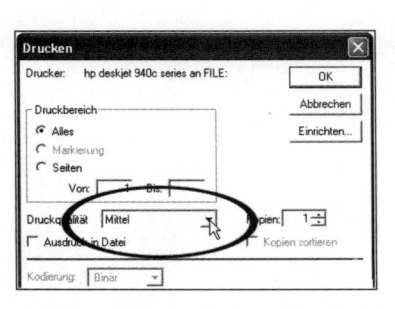

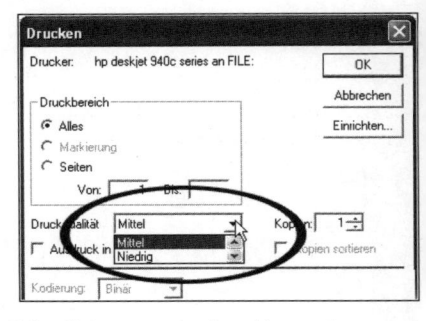

Auf den Pfeil bei *Druckqualität* klicken, Bildlaufleiste verwenden, bis *Hoch* erscheint

Bilder erfolgreich drucken

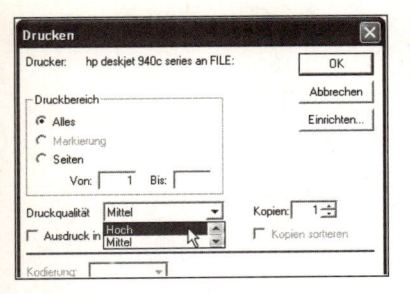

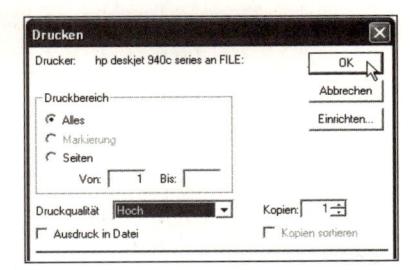

Klicken Sie dann auf *Hoch*, und die Druckqualität ist auf Höchstleistung eingestellt.

Möchten Sie nun mehrere Ausdrucke des Bildes, so stellen Sie bei *Kopien* die entsprechende Anzahl ein. Durch Klicken auf den Pfeil, der nach oben zeigt, erhöhen Sie die Anzahl der Ausdrucke. Durch Klicken auf den nach unten zeigenden Pfeil wird die Anzahl verringert.

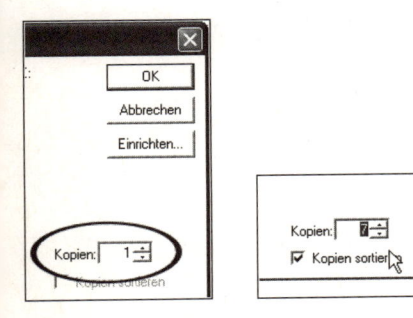

Für mehrere Ausdrucke eines Bildes die Anzahl der Kopien erhöhen.

Klicken Sie nun auf den Button *OK*, und Ihr Drucker beginnt, Ihr Ballonbild mit höchster Qualität flächig im Querformat auf die DIN A4-Seite zu drucken.

Scannen und Drucken

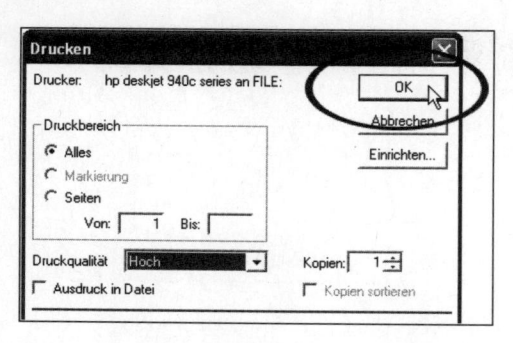

[Dialogfenster "Drucken" mit Drucker "hp deskjet 940c series an FILE", Druckbereich-Optionen (Alles, Markierung, Seiten Von/Bis), Druckqualität "Hoch", Kopien 1, Optionen "Ausdruck in Datei" und "Kopien sortieren", sowie Schaltflächen OK (eingekreist), Abbrechen und Einrichten.]

Auf OK klicken, und Ihr Drucker beginnt zu arbeiten.

Kleine Zusammenfassung und kurze Vorstellung der Optionen eines Canon-Druckers

Ja, die letzten Seiten waren voller Informationen! Hier ist für Sie eine kleine Zusammenfassung zum besseren Erinnern.

Im Druckvorschaufenster von Adobe Photoshop Elements sehen Sie ein virtuelles Blatt Papier. Die Vorschau zeigt Ihnen, wie Ihr Ausdruck aussehen wird. Sie können Ihr zu druckendes Bild auf die maximal mögliche Größe des vorgegebenen Papierformates anpassen, eine bestimmte Position des Bildes auf dem Papier festlegen und von Hand per Begrenzungsrahmen das Bild verkleinern oder vergrößern. Möchten Sie das Papierformat ändern, tun Sie dies über die Bedienersoftware Ihres Druckers, die Sie mit dem Button *Seite einrichten* aufrufen.

Hier ist für Sie ein zweites Beispiel einer Bedieneroberfläche *Druckereigenschaften*: Für einen Canon Drucker des Typs S520 sieht das Fenster *Eigenschaften von Canon S520* so aus:

Bilder erfolgreich drucken

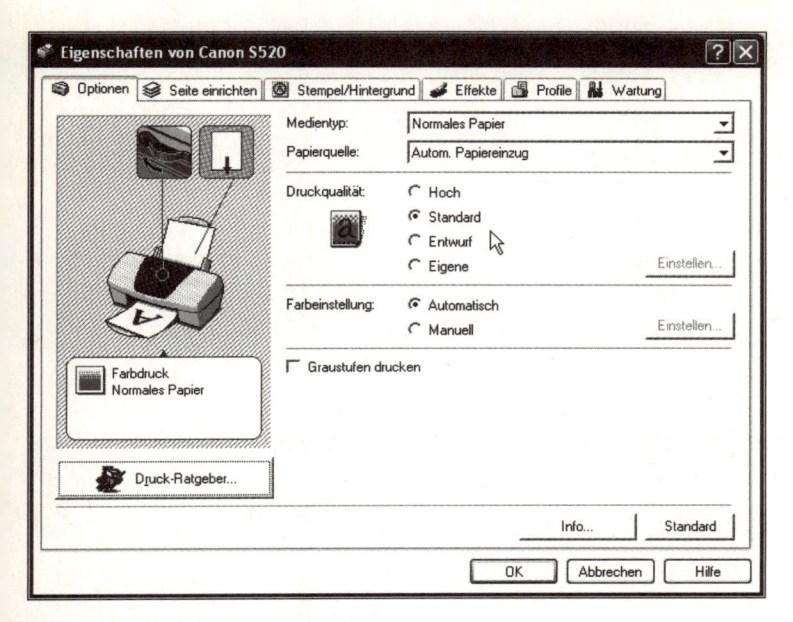

Die Bedienersoftware des Canondruckers S520

Wie vorher für den HP-Drucker gezeigt, können Sie auch im Fenster des Canon-Druckers verschiedene Druckqualitäten einstellen. Für einen exzellenten Fotodruck brauchen Sie die Qualität *Hoch*.

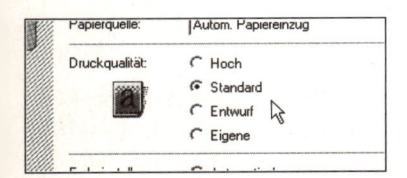

Hier stellen Sie die Druckqualität ein.

Die automatische Bildoptimierung, also die automatisch optimale Farbwiedergabe von Bildern, sollten Sie auch bei einen Canon-Drucker auf *Automatisch* belassen.

Scannen und Drucken

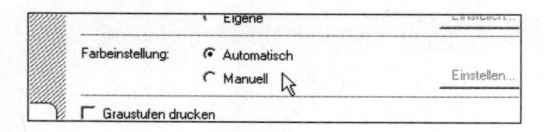

Bei *Farbeinstellung* den Punkt vor *Automatisch* stehen lassen

Ein farbiges Bild in *Graustufen* drucken, um farbige Tinte zu sparen, ist auch bei dem Canondrucker kein Problem. Ein Häkchen, gesetzt bei der Option *Graustufen drucken*, und schon wird Ihr Drucker das Bild als Schwarz-Weiß-Version drucken.

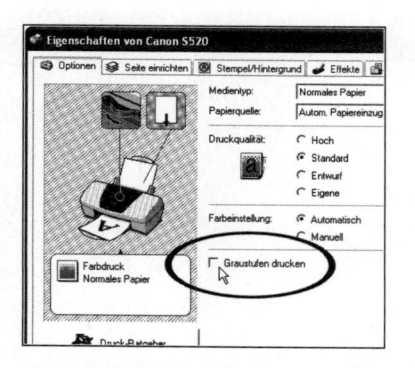

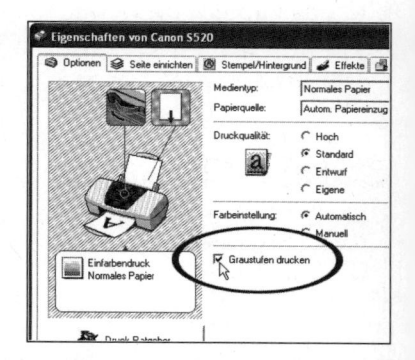

Das Häkchen bei *Graustufen* aktivieren, und der Drucker druckt nur mit der schwarzen Tinte.

Damit der Ausdruck auf speziellem Papier gelingt, geben Sie dem Drucker die verwendete Papiersorte an. Das ist auch beim Canon S520 so: Durch einen linken Mausklick auf den Pfeil bei *Medientyp* klappt die Papierliste auf. Durch Zeigen und Klicken auf die verwendete Papiersorte ist das Papier ausgewählt. Der Canondrucker „weiß" somit Bescheid und wird den Farbauftrag der Tinte dem Papier anpassen.

Bilder erfolgreich drucken

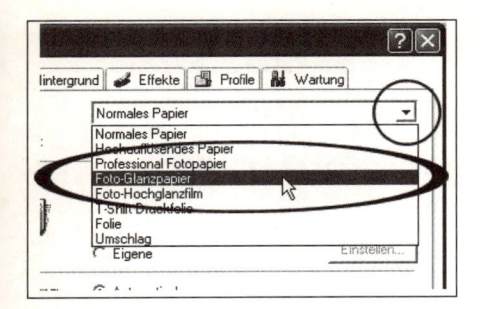

Für den besseren Ausdruck die verwendete Papiersorte einstellen

Um das Papier von *Hochformat* auf *Querformat* zu drehen, müssen Sie in der Bedienersoftware des Canondruckers auf das Register *Seite einrichten* klicken, damit dieses in den Vordergrund rückt.

Auf das Register *Seite einrichten* klicken

In dem Register *Seite einrichten* setzen Sie einmal mit der linken Maustaste auf den runden, weißen Bereich neben *Querformat* einen schwarzen Punkt. Die Druckrichtung hat sich von Hochformat auf Querformat gedreht.

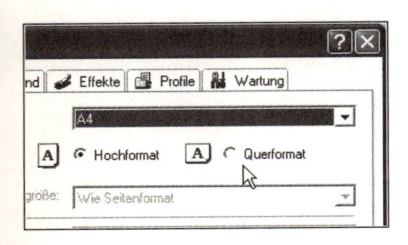

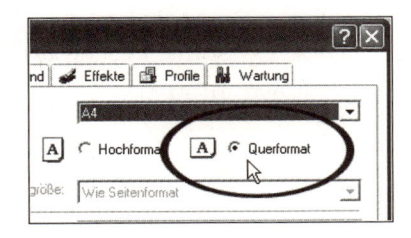

Ein Klick bei *Querformat* und das Papier ist gedreht.

Es gibt bei dem Canondrucker noch eine Menge mehr einzustellen. Diese zusätzlichen Einstellungen haben mit der erreichten Bildqualität nichts zu tun. Zum Beispiel können Sie mit gesonderten Optionen eine kleine Wartung Ihres Druckers vornehmen und Druckköpfe reinigen. Schauen Sie doch mal hinter anderen Registern nach und probieren Sie Verschiedenes aus. Kleiner Tipp: Damit Sie nicht die Orientierung verlieren, merken Sie sich immer die vorhandenen Grundeinstellungen!

Goldene Tipps für den perfekten, kostengünstigen Ausdruck

↪ Überlegen Sie vor dem Farbdruck, ob ein Graustufendruck ausreicht.

↪ Drucken Sie für Konzeptionen nur im Entwurf- oder Niedrigmodus.

↪ Testen Sie zwei bis drei verschiedene Papiersorten und bleiben Sie bei der besten.

↪ Probieren Sie auch Tinten anderer Hersteller für Ihr Druckermodell aus, oft sind diese um die Hälfte günstiger und qualitativ zufrieden stellend.

↪ Überprüfen Sie mit einem Blick immer Ihre Druckereinstellungen, um Fehldrucke zu vermeiden.

↪ Auch wenn Sie Ihren Tintenstrahldrucker nur sehr selten nutzen, etwa nur einmal im Monat, so sollten Sie dennoch pro Woche eine Testseite ausdrucken! Damit erhalten Sie die Funktionsfähigkeit der mechanischen Vorgänge und Prozesse des Druckers. Sollte Ihr Drucker zu lange keine Arbeit bekommen, kann das negative Auswirkungen auf die Druckköpfe haben.

Damit Sie lange an Ihrem Drucker Freude haben ...

... sollten Sie ihn von Zeit zu Zeit warten. Wird z.B. Ihr Drucker lange nicht gebraucht, können die Düsen des Druckkopfes verstopfen. Mit einem fusselfreien Q-Tip und Isopropanol-Alkohol aus der Apotheke lassen sich die Druckköpfe reinigen. Beachten Sie die Wartungshinweise des Druckerhandbuchs!

Der Drucker sollte vor Staub geschützt sein. Wird er nicht verwendet, empfiehlt sich eine Staubschutzhaube. Das Gehäuse ist nicht staubempfindlich, wohl aber die Papierzufuhr und die Walzen im Gerät.

Das Gehäuse des Druckers können Sie mit einem feuchten, weichen Baumwolltuch gut reinigen.

Scannen und Drucken

Zur Erinnerung

➪ Der einfache Ausdruck geht über den *Drucken*-Button in der Symbolleiste.

➪ Mit dem Button *Druckvorschau* in der Symbolleiste können Sie vor dem Ausdruck Format und Stand des Bildes auf dem Papier sehen.

➪ Im Fenster *Druckvorschau* des Programms Adobe Photoshop Elements legen Sie Position und Format des Bildes auf dem Papier fest.

➪ Um weitergehende Druckeinstellungen vorzunehmen, brauchen Sie die Bedienersoftware Ihres Druckers. Diese erreichen Sie über den Button *Seite einrichten* und dann über den Button *Eigenschaften*.

➪ Geben Sie immer an, welche Qualität gedruckt werden soll, welche Papiersorte Sie verwenden und welches Papierformat der Ausdruck haben soll.

➪ Überprüfen Sie immer noch mal mit einem Blick alle Einstellungen, um Fehldrucke zu vermeiden.

➪ Probieren Sie verschiedene Papiersorten und Tinten anderer Hersteller für Ihren Drucker aus, um kostengünstig zu drucken.

Glossar

Abstürzen, abgestürzt

Nichts geht mehr! Der Computer ist „abgestürzt". Der Mauszeiger bewegt sich nicht oder reagiert nicht auf Klicken – der Computer lässt sich nicht einmal ausschalten. Bitte keine Aufregung! Dass Ihr Computer mal abstürzt, können Sie nicht verhindern. Da er ein sehr komplexes Gerät mit umfangreichen Programmen ist, kann es schon mal vorkommen, dass der PC sich „selbst im Weg steht". Wichtig beim Umgang mit dem PC ist es, die Ruhe zu bewahren. Nicht hektisch werden und mit Bedacht arbeiten. Dadurch können Sie Abstürzen vorbeugen – garantiert verhindern kann man sie nicht.

Adobe

Adobe ist eine erfolgreiche, amerikanische Softwarefirma, die hauptsächlich gute Software für die grafische Industrie herstellt. Auch bei Weltstandards in der grafischen Computerindustrie hat Adobe großen Einfluss. Auf vielen Rechnern der Welt sind Adobe Produkte installiert.

Auflösung

Der Begriff Auflösung beschreibt Leistungsmerkmale von z.B. einer >Digitalkamera, einem >Scanner oder auch einem Drucker. Je höher die Auflösung eines der Geräte ist, um so feiner können Bilder, Grafiken, Fotos auf verschiedenen Ausgabemedien wiedergegeben werden. Siehe auch >DPI und >PPI.

Betriebssystem

Bezeichnung für eine >Software, die den Betrieb des gesamten Computers steuert und regelt. Ohne Betriebssystem können Sie die Maus nicht verwenden oder das Drücken einer Taste der Tastatur hat keine Auswirkung. Das Betriebssystem „kennt" alle an den Computer angeschlossenen Geräte und stellt ihre Nutzung bereit.

Bildbearbeitung

Als Bildbearbeitung wird das Verändern von Bilddaten bezeichnet. Heute verwendet man Computer und eine spezielle Bildbearbeitungssoftware dazu, um Fotografien oder Grafiken zu „bearbeiten", zu retuschieren. Z.B. ist es möglich, in ein Foto statt eines regnerischen Himmels strahlenden Sonnenschein einzuarbeiten.

Bubble Jet

(sprich: *babbel dschet*) Spezielle Bezeichnung für eine hauseigene Druck-Technik der Firma Canon bei >Tintenstrahldruckern.

CD (Compact Disc = „Kompakte Scheibe")

Diese silberne Kunststoffscheibe ist schon seit 20 Jahren ein effizientes Speichermedium für Musik (als Ablösung der guten, alten Schallplatte). Sie wurde 1982 von den Firmen Sony und Philips eingeführt, und die darauf befindliche Musik kann mit einem CD-Abspielgerät gehört werden.

CD-Brenner

Spezielles CD- >Laufwerk, in dem mittels Laser auf einem CD-Rohling Daten eingebrannt werden können (deswegen auch der Name CD-„Brenner"). Je nach Modell des CD-Brenners können Sie CD-R-, CD-RW- oder DVD-Rohlinge verwenden.

CD-ROM (ROM = Read Only Memory)

(sprich: *zede-romm*) CD für den Computer. Auf einer CD-ROM sind Daten gespeichert, die ein CD-ROM- >Laufwerk lesen kann, z.B. Daten von einem Programm. Eine CD-ROM kann nicht nachträglich verändert werden, ihre gespeicherten Daten sind fix. Deswegen auch die Bezeichnung „Read Only Memory" – zu deutsch „Nur-Lesespeicher".

Datei

In einer Datei werden alle Informationen (Daten) gesammelt, die der Computer braucht, um zu einem späteren Zeitpunkt z.B. ein digitales Foto wieder auf Ihrem Monitor zu zeigen. Durch das Speichern von Informationen entsteht eine Datei. Eine Datei kann nachträglich verändert werden; wenn Sie z.B. in einem Foto Helligkeit/Kontrast bearbeiten und diese dann mit den Änderungen erneut speichern, wird die ursprüngliche Datei überschrieben und dadurch geändert.

Datenträger

So genannte Speichermedien. Auf Datenträgern werden elektronische Daten gespeichert, um sie zu einem anderen Zeitpunkt wieder verfügbar zu haben. Mit manchen Datenträgern können Sie auch Daten transportieren, z.B. mit einer >Diskette.

Digitalkamera

Kamera, die Fotos elektronisch (ohne Film) speichert. Gespeichert wird auf >Datenträgern, die in den Computer eingelesen werden können. Die Digitalkamera kann mit einem Kabel an den Computer angeschlossen werden. Dadurch können die Bilder sofort betrachtet und bei Nichtgefallen gegebenenfalls gelöscht werden. Um die Bilder später auf Papier zu erhalten, brauchen Sie einen guten Farbdrucker oder ein entsprechend ausgestattetes Fotofachgeschäft. Die Qualität einer Digitalkamera hängt unter anderem mit der Anzahl der von ihr zu speichernden >Pixel zusammen sowie mit ihrem optischen Nah- und Fernsehvermögen.

Diskette

Als Diskette wird eine bestimmte Art von >Datenträger bezeichnet. Sie ist wechselbar und kann daher von einem Ort zu einem anderen gebracht werden. Disketten, die heute noch in Gebrauch sind, haben eine Kantenlänge von 3,5" (Zoll) und sind ca. 3mm dick. Beinahe jeder Computer wird mit einem Diskettenlaufwerk (Gerät zum Lesen der Disketten) ausgeliefert.

Dot

Dot ist der englische Begriff für Punkt. Als Dot wird zum Beispiel ein Punkt bezeichnet, den ein >Tintenstrahldrucker gedruckt hat.

DPI

DPI = Dots per Inch – Punkte pro Inch. In DPI werden so genannte >Auflösungen von grafischen Geräten wiedergegeben. Je höher die DPI-Anzahl ist, z.B. 600 DPI, umso feiner kann ein Drucker ein Foto zu Papier bringen.

E-Mail-Anhang

Mit der elektronischen Post „E-Mail" (sprich: *ih-mäil*) kann jede beliebige Datei dem Empfänger mitgeschickt werden. Eine Datei wird als Anhang oder auch englisch: Attachment (sprich: *ät-tätsch-ment*) der E-Mail hinzugefügt.

Farbtiefe

Mit Farbtiefe wird die Leistungsfähigkeit z. B. eines Scanners beschrieben. Hier wird bezeichnet, wie viele Farben er erkennen bzw. ein von ihm erzeugtes Pixel haben kann. Farbtiefe wird in Bit angegeben, und 1 Bit Farbtiefe bedeutet, dass ein Pixel in einer von zwei verschiedenen Farben gesehen werden kann. 8 Bit pro Pixel bedeuten, dass ein Pixel eine von 256 verschiedenen Farben annehmen kann, und 24 Bit bedeuten, dass ein Pixel eine von 16.777.216 Farben annehmen kann.

Flachbettscanner

Die Bezeichnung Flachbettscanner ist die Beschreibung eines bestimmten Scannertyps. Ein Flachbettscanner hat eine plane Glasoberfläche, auf die eine Vorlage zum Scannen gelegt werden kann, ähnlich einem Fotokopierer. Liegt die Vorlage auf der Glasoberfläche, muss ein Deckel geschlossen werden, damit es nicht zu Lichtverzerrungen beim Scannen kommt. Dieser Scanner hat ein „flaches Bett" für die Vorlage. >Trommelscanner

Fotodrucker

Als Fotodrucker werden z. B. spezielle >Tintenstrahldrucker bezeichnet, die darauf ausgelegt sind, Bilddaten von einer Digitalkamera direkt in höchster Qualität auf Spezialfotopapier auszudrucken. Die Qualität dieser Druckerart ist so hoch, dass man die Ausdrucke für einen echten Fotopapierabzug halten kann. Da die Drucker und auch das Verbrauchsmaterial etwas teurer sind, eignen sie sich nicht so gut für den alltäglichen Schriftverkehr. Sind Sie begeisterter Bildbearbeiter und Hobbyfotograf, lohnt sich die Anschaffung eines Fotodruckers als Zweitgerät.

Grafikkarte

Eine bestimmte Platine im Innern des Computers, die dafür sorgt, dass der Monitor Bilder zeigen kann. Sie errechnet einzelne Bildpunkte, die aneinander gesetzt ein ganzes Bild ergeben. Ohne Grafikkarte kann Ihr Computer keine Bildschirmdarstellung erzeugen.

Halbtonvorlagen

Schwarz-Weiß-Fotos sind Halbtonvorlagen.

Inch

(sprich: *intsch*) Ein Inch ist ein englisches Längenmaß. Ein Inch entspricht 2,54 cm. Inch und Zoll entsprechen einander.

Ink Jet Printer

Siehe >Tintenstrahldrucker

Installation, installieren

Das Übertragen der Daten einer Software. Übertragen wird von einem wechselbaren >Datenträger auf die Festplatte. Bei der Installation eines Programms wird dieses auf Ihre Festplatte kopiert und so vorbereitet, dass Sie damit arbeiten können.

Interpolation

Als Interpolation wird das künstliche Hinzurechnen von >Pixeln bezeichnet. Wenn die >Auflösung eines Bildes heraufgesetzt werden muss, dieses allerdings nicht neu eingescannt werden kann, dann müssen Pixel mathematisch neu in das Bild eingerechnet werden, um die Auflösung zu erhöhen. Eine Interpolation ermittelt bestimmte Farbwerte von benachbarten Pixeln und rechnet über Mittelwerte neue hinzu. Man kann durch diese Methode zwar die Auflösungswerte eines Bildes erhöhen, allerdings wird die eigentliche Qualität des Bildes dadurch nicht besser, da nur originale Pixel die wirklich vorhandenen Farben wiedergeben.

Kalibrieren

Unter Kalibrieren versteht man das Abgleichen der Farbwerte von Monitoren, Farbdruckern oder Scannern. Da jedes Bildbearbeitungsgerät Farben unterschiedlich darstellt, kann es vorkommen, dass auf dem Bildschirm ein Bild gut aussieht, der Drucker das Bild aber rotstichig ausdruckt. Um eine möglichst genaue Vorhersage über die Qualität der gedruckten Farbe zu bekommen, werden Reproduktionsgeräte für die digitale Bildbearbeitung kalibriert.

Komponenten

Einzelne Bestandteile des Computers, die einen bestimmten Zweck erfüllen. Der PC besteht aus vielen Komponenten, die als Ganzes erst die Funktion des Computers ermöglichen. Eine Komponente ist z. B. die >Grafikkarte.

Laserdrucker

(Sprich: *leyserdrucker*) Laserdrucker haben eine sehr gute Druckqualität. Sie drucken mittels eines Lasers (Lichtstrahl). Komplexe physikalische Zusammenhänge sorgen dafür, dass ein guter Ausdruck zustande kommt. Meist sind Laserdrucker schwarz-weiß-druckend – es gibt allerdings auch farbige Laserdrucker. Farbige Laserdrucker sind kostspielig und werden selten für den „Hausgebrauch" eingesetzt. Vor dem Kauf eines solchen Gerätes sollten Sie sich unbedingt fachlich beraten lassen.

Laufwerke

Geräte, die >Datenträger aufnehmen können. Ein Diskettenlaufwerk zum Beispiel kann eine Diskette lesen und durch den Speichervorgang mit Daten bespielen.

Mega-Byte (MByte, MB)

(sprich: *megabait*) Die Bezeichnung Mega-Byte ist ein Maß der Computerbranche zur Beschreibung einer bestimmten Datenmenge. Mit einem Mega-Byte können ca. 1 Million Zeichen abgespeichert werden. Ein Zeichen kann z. B. der Buchstabe „A" sein. Das heißt, Sie können 1 Million Mal auf Ihrer Tastatur den Buchstaben „A" drücken, und Ihr Computer würde dies als eine Datenmenge von ca. einem Mega-Byte abspeichern.

Ordner

In Verbindung mit Ihrem Computer und seinen Speichermöglichkeiten ist ein Ordner ein Ort, in dem Dateien gesammelt und „aufbewahrt" werden können. Sie erstellen Ordner, um die Übersicht über Ihre >Dateien zu behalten. Bei diszipliniertem Speichern Ihrer Dateien in bestimmten Ordnern werden Sie immer schnell Ihre Daten wieder finden.

Glossar

PDF-Dokument – PDF-Datei

Das PDF-Dateiformat (portable document format) wurde von der Firma Adobe entwickelt und dient der einheitlichen Darstellung von Text und Bild auf unterschiedlichen Rechnersystemen. Auf jedem Computer, auf dem das kostenlos erhältliche Programm Adobe Acrobat Reader installiert ist, können PDF-Dateien gesehen, gelesen und gedruckt werden. Im Internet werden PDF-Dateien von Firmen oder Instituten verwendet, um ihren Kunden und Lesern z.B. Bedienungsanleitungen oder Produktinformationen elektronisch zur Verfügung zu stellen.

Pixel

Das Wort Pixel ist eine Ableitung von den englischen Begriffen „picture elements" – Bildelemente. Ein Pixel ist die kleinste Einheit in einem digitalen Bild. Die Fläche eines Bildes besteht aus unzähligen Pixeln (kleine Punkte). Der Seh-Eindruck als Fläche entsteht, weil das Auge die vielen sehr kleinen Punkte als Ganzes wahrnimmt, ähnlich wie bei der Betrachtung eines Mosaiks.

Pixelig

Siehe >Treppenstufeneffekt

PPI

PPI = Points per Inch oder Pixel per Inch – Punkte/Pixel pro Inch. Die Bezeichnung PPI beschreibt, wie viele >Pixel auf einer Strecke von einem Inch Länge z.B. ein digitales Bild hat. Auch Leistungsmerkmale des >Scanners werden in PPI beschrieben.

Scanner

(sprich: *skänner*) Ein Scanner ist ein elektronisches Gerät zum Erfassen digitaler Bilddaten. Ein Foto kann durch einen Scanner in digitale Daten umgewandelt werden. Dieses Bild, diese digitalen Daten können dann mit Hilfe des Computers und einer Bildverarbeitungssoftware weiterbearbeitet werden.

Schnittstelle

Verbindungsstelle zwischen einem Computer und einem zusätzlichen Gerät. An eine Schnittstelle können Sie zum Beispiel einen >Scanner anschließen. Ihr Computer kommuniziert über die Schnittstelle mit dem Scanner.

Single Pass

(Englisch = einzelner Durchlauf) Bei Scannern findet man häufig die Bezeichnung „Single Pass Technologie". Das bedeutet, dass der Scanner in einem Durchgang ein farbiges Bild scannen kann. Bei älteren Scannern brauchte man drei Durchgänge, um alle Farben eines Bildes zu digitalisieren.

Software

(sprich: *ssoftwär*) Bezeichnung für ein Programm. Es gibt verschiedene Programme: Spiele, Lernprogramme, Textverarbeitungsprogramme (diese werden als Anwendungsprogramme bezeichnet) und >Betriebssysteme. In einem Programm sind miteinander verknüpfte Abläufe für den Computer festgelegt, und Sie, der User, können dadurch bestimmte Funktionen abrufen.

Speichermedien

Siehe >Datenträger

Strichvorlagen

Als Strichvorlagen werden alle Zeichnungen oder Grafiken bezeichnet, die eindeutig schwarze und weiße Linien beinhalten, wie zum Beispiel Baupläne oder Tuschezeichnungen.

Tintenstrahldrucker

Sie werden in der Werbung häufig Ink Jet Printer (sprich: *ink dschät printer*) genannt, welches die englische Bezeichnung für Tintenstrahldrucker ist. Sie drucken mit flüssiger Tinte, welche durch viele kleine Düsen am Druckkopf auf das Papier gespritzt wird. Die meisten Tintenstrahldrucker haben vier verschiedene Farbtanks und können durch Mischen dieser Farben bis zu 16,8 Millionen anderer Farben erzeugen. Sie sind eine kostengünstige Möglichkeit, farbig zu drucken.

Glossar

Treiber

Ein Treiber ist eine spezielle Software. Jedes Gerät, welches an Ihren Computer angeschlossen ist, benötigt einen Treiber. Der Treiber verbindet die Eigenschaften des Gerätes mit Ihrem Betriebssystem. Ihr Betriebssystem weiß durch den Treiber, was das angeschlossene Gerät kann, und stellt diese Informationen jedem anderen Programm zur Verfügung, damit es das Gerät nutzen kann. Wenn Sie in einem Programm arbeiten und etwas ausdrucken, greifen Sie indirekt auf den Treiber des Druckers zu.

Treppenstufeneffekt

Ein Treppenstufeneffekt tritt dann auf, wenn ein digitales Bild größer reproduziert werden soll, als es ursprünglich digital erzeugt (eingescannt) wurde. Für eine gute Wiedergabe sind in diesem Fall nicht genügend >Pixel vorhanden. Durch die zu vergrößerte Wiedergabe werden die vorhandenen Pixel einfach größer gedruckt, und man erkennt ihre quadratische Form. So kann der Rand eines Motivs aussehen wie eine Treppe von der Seite.

Trommelscanner

Die Bezeichnung Trommelscanner ist die Beschreibung eines bestimmten Scannertyps. Trommelscanner haben eine Glasröhre (Trommel), die horizontal am Scannergehäuse angebracht ist und sich mit einer hohen Geschwindigkeit drehen kann. Trommelscanner findet man in professionellen Grafikstudios oder Druckereien, da dieser Scannertyp den hohen Ansprüchen der grafischen Industrie gerecht werden kann. Ein solches Profi-Gerät ist sehr kostspielig. Im Hausgebrauch ist dieser Scannertyp eher nicht zu finden, dort werden >Flachbettscanner bevorzugt.

TWAIN Schnittstelle

(TWAIN = Toolkit Without An Important Name) Eine von der Computerindustrie entwickelte Schnittstelle zwischen Bildbearbeitungssoftware und Bildbearbeitungsgeräten wie zum Beispiel Scanner und Digitalkamera. Durch diese Schnittstelle kann jede Software auf jedes Gerät zugreifen und es nutzen. Die Twain-Schnittstelle ist herstellerunabhängig. Wäre das nicht so, könnten Sie z.B. unter Umständen das Programm Adobe Photoshop Elements nur mit Sony-Digitalkameras verwenden.

USB-Anschluss (USB = Universal Serial Bus)

Eine bestimmte Art einer modernen >Schnittstelle am Computer, um z.B. einen >Scanner oder eine >Digitalkamera anzuschließen. Mit dieser Schnittstelle können Geräte, bei laufendem Betrieb des Computers, einfach angeschlossen oder entfernt werden. Mit Verteilern an einem USB-Anschluss können bis zu 127 Geräte angeschlossen werden.

Wechselmedien

Andere Bezeichnung für >Datenträger, die ausgetauscht werden können.

Zoll

>Inch

Zwischenablage

Die Zwischenablage ist ein sehr nützliches Werkzeug. Wenn Sie in einem Textverarbeitungsprogramm zum Beispiel Text markieren und ihn kopieren, gelangt dieser Text zunächst in die Zwischenablage. Diesen Text, der in der Zwischenablage verweilt, können Sie in jedem anderem Programm, z.B. einem Zeichenprogramm, abrufen und an einer von Ihnen festgelegten Stelle wieder einfügen. Die Zwischenablage ist programmunabhängig und ein Bestandteil Ihres Betriebssystems. Schalten Sie den Computer aus, verliert die Zwischenablage all ihre Informationen. Der Fachbegriff für diese Art des Arbeitens heißt „copy and paste" (sprich: *koppi änd päist*) = kopieren und einfügen.

Anhang

Hardware-Voraussetzungen für die digitale Bildbearbeitung

Wenn Sie beginnen, mit dem Computer digitale Bilddaten zu speichern, zu verändern oder zu archivieren, dann wäre dazu – vom heutigen Stand aus gesehen – ein Computer der mittleren Preisklasse mit folgenden Leistungsmerkmalen empfehlenswert:

Pentium 4 ab 1,5 GHz
256 MByte Arbeitsspeicher
Mindestens eine 40 GByte Festplatte
Eine Grafikkarte mit 64 MByte Speicher

Der Computer sollte 2 USB 2.0-Schnittstellen haben und für zukünftige Anschaffungen von digitalen Bildgeräten auch eine FireWire-Schnittstelle.

Der Monitor sollte ein „Röhrenmonitor" sein, einer Diagonalen von 17 Zoll entsprechen und eine Lochmaske von unter 0,25 mm haben. Flachbildschirme, so genannte TFT-Monitore, haben noch Schwächen in der Farbwiedergabe, die sich bei professioneller Bildbearbeitung bemerkbar machen.

Planen Sie, auch mit bewegten Bildern am Computer zu arbeiten, brauchen Sie ein leistungsfähigeres Gerät als oben angeben.

Kauftipps für Adobe Photoshop Elements, Scanner und Digitalkameras

Das Internet hält vieles für Sie bereit. Unter anderem Informationen darüber, wo Sie etwas günstig und zum besten Preis kaufen können. Bei folgenden Internetadressen finden Sie heraus, wer der günstigste Anbieter für das von Ihnen gewünschte Produkt ist:

www.preisvergleich.de
www.shoppingscout24.de

Geben Sie z.B. Adobe Photoshop Elements als Suchbegriff in der Internetseite ein, bekommen Sie sicher zwei oder drei verschiedene Händleradressen, die zu einem günstigen Preis dieses Programm anbieten. Das könnten Angebote sein, die zwischen 85 und 110 Euro liegen.

Möchten Sie nicht über das Internet bestellen, dann nehmen Sie z.B. die gelben Seiten zur Hand und prüfen Sie, ob es ein Büro für Preisvergleiche in Ihrer Stadt gibt. Dort könnten Sie anrufen und nach dem günstigsten Preis bzw. Anbieter fragen. Oder Sie recherchieren telefonisch bei verschiedenen Händlern, um gute Angebote oder Schnäppchen zu finden.

Eine direkte Information über das Programm Adobe Photoshop Elements bekommen Sie natürlich im Internet direkt vom Hersteller Adobe:

www.adobe.de

oder per Telefon bei der Infoline

0180 / 2 30 43 16

oder per E-Mail über die E-Mail-Adresse

cic@adobe.de (das cic in der E-Mail Adresse steht für „Customer Information Center! = Kundeninformations-Zentrum)

Weitere Bilddateiformate

BMP – Bitmap

Das Bildformat BMP wurde von der Firma Microsoft entwickelt und ist ein Windows-Bilddateiformat. Es wird verwendet, um z.B. Hintergrundbilder abzuspeichern oder Bilder, die während der Installation eines Programms auf dem Bildschirm gezeigt werden. Da das Betriebssystem Windows sehr verbreitet ist, können viele Programme dieses Bilddateiformat lesen. Interessanterweise hat sich seit Jahren in der Umgangssprache das Wort „Bitmap" als generelle Bezeichnung für digitale Bilder durchgesetzt. Bei hoch-

Anhang

auflösenden Farbabbildungen werden BMP-Dateien allerdings rasch zu umfangreich.

EPS – Encapsulated PostScript

Das Bilddateiformat EPS ist ein professionell genutztes Bildformat für die Reproduktion von Bildern. Es wird hauptsächlich in der grafischen Industrie für hochwertige Produktionen eingesetzt. In einer EPS-Datei können Informationen abgespeichert werden, die mit dem eigentlichen Bild nichts zu tun haben, zusätzliche Angaben wie Druckerfarbprofile oder so genannte Beschneidungspfade. Letztere werden gebraucht, um bei Objekten in Bildern einen transparenten Hintergrund zu erzeugen – so genannte „Freisteller". Eine EPS-Datei weist große Datenmengen auf.

GIF – Graphics Interchange Format

Das Bilddateiformat GIF kommt in Internetseiten zum Einsatz. Damit werden grafische Elemente wie Text und Firmenlogos dargestellt. Dieses Bildformat kann sehr gut scharfe Kanten von grafischen Elementen darstellen und weist dabei geringe Dateigrößen auf. Für das Abspeichern von Fotos ist es nicht gut geeignet, da in diesem Format nur 256 Farben abgespeichert werden können und Fotos meist mehr besitzen.

Nützliche Zusatzprogramme für den Bildbearbeitungs- und Druckalltag

Ein gutes und relativ leicht verständliches Archivierungsprogramm für elektronische Bilder ist das Programm ACDSee 4.0.

Mit diesem Programm können Sie schnell komplette Fotoalben anlegen, die Fotos ansehen, Bilder organisieren, mehrere Bilder auf einer DIN A4-Seite ausdrucken, Bilder in andere Bilddateiformate konvertieren oder „mal eben" kleinere Bildbearbeitungen vornehmen.

Jedes Bild wird als kleine Vorschau dargestellt, dadurch kann man sich im Archiv schnell orientieren. Das Programm gibt es als Testversion zum Herunterladen auf der Herstellerinternetseite *www.acdsystems.com/Deutsch/index.htm* und es kostet als Vollversion ca. 65 Euro.

Ein kostenloses Bildarchivierungsprogramm ist das Programm IrfanView. Es ist nicht ganz so komfortabel, dafür kostenlos auf der Internetseite *www.irfanview.de* herunterzuladen.

Drucken Sie häufiger Text und Bild, vielleicht weil Sie eine Vereinszeitung mitgestalten, dann halten Sie Ausschau nach einer Drucksoftware wie z.B. der Software FinePrint. Mit dieser Software können Sie auf einem DIN A4-Blatt mehrere Seiten verkleinert ausdrucken und sogar Bücher produzieren. Unter *www.context-gmbh.de* wird eine Testversion zum Herunterladen angeboten. Die Vollversion ohne Einschränkungen kostet ca. 45 Euro.

Nützliche Internetadressen für „digitale Bilder" und „Bildbearbeitung"

www.digitalkamera.de

Eine Internetseite, die äußerst ergiebig ist in Bezug auf Informationen rund um die Themen „Digitalkamera", „digitale Bilddaten" und „Software". Sie finden Testberichte und Produktinformationen zu den verschiedenen neuesten und älteren Digitalkameras. Es werden online Workshops zum Thema fotografische Effekte angeboten. Sie lernen die Arbeit von Profis kennen.

www.pixelnet.de

Ein Internetportal rund um das Thema digitale Bilder. In diesem Portal können Sie Fotoabzüge Ihrer Bilddaten machen lassen oder ein Fotoalbum anlegen oder sich informieren, was es Neues gibt.

Anhang

Die richtige Auflösung für Abzüge von digitalen Bildern aus Fotofachgeschäften oder Internet-Fotolaboren							
Fotogröße		Untere Qualität Wie 100 DPI		Mittlere Qualität Wie 200 DPI		Gute Qualität Wie 300 DPI	
Breite cm	Höhe cm	Pixel Breite	Pixel Höhe	Pixel Breite	Pixel Höhe	Pixel Breite	Pixel Höhe
13	9	512	354	1024	709	1535	1063
18	13	709	512	1417	1024	2126	1535
28	20	1102	787	2205	1575	3307	2362

Datenmengen etwas deutlicher beleuchtet

Computer arbeiten mit dem mathematischen „Binärcode"-System, das lediglich zwei Werte kennt: 0 und 1. Die kleinste Datenmenge ist 0 oder 1 und wird als ein BIT bezeichnet. 8 BIT bezeichnet man als 1 Byte (B, sprich: *bait*), und das ist die Grundlage üblicher Angaben zu Datenmengen. Es wird ein Byte benötigt, um ein Zeichen abzuspeichern, wie z. B. den Buchstaben „A". Die Mengenangaben sind folgendermaßen geordnet:

1.024 Byte sind ein Kilo-Byte (KB, KByte)
1.024 KByte bezeichnet man als 1 Mega-Byte (MB, MByte)
1.024 MByte bezeichnet man als 1 Giga-Byte (GB, GByte)

In einem Mega-Byte können Sie über eine Million Mal den Buchstaben „A" speichern. Moderne Festplatten haben eine Speicherkapazität von über 40 Giga-Byte.

Für die Mathematiker unter uns – eine Formel zum Errechnen der Speichergröße von Bilddatenmengen

Bildlänge x horizontale Auflösung x Bildbreite x vertikale Auflösung x Farbtiefe = … Bit

Beispiel:

Ein Foto hat eine Größe von 9 x 13 cm bei einer Auflösung von 300 DPI und einer Farbtiefe von 24 Bit. Der DPI Wert muss durch 2,54 geteilt werden, da die Bildmaße ja in cm angegeben sind (1 Inch = 2,54 cm). Also 300 : 2,54 = 118.

(9 x 118) x (13 x 118) x 24 = 39.098.592 Bit
8 Bit = 1 Byte, also
39.098.592 : 8 = 4.887.324 Byte

1.024 Byte = 1 Kilo-Byte (KByte), also
4.887.324 : 1024 = 4.772,77734375 KB

1.024 KB = 1 Mega-Byte (MByte), also
4.772,77734375 : 1.024 = 4,66 MByte

Ein Scan mit diesen Werten hat 4,66 MByte Daten.

Stichwortverzeichnis

A
Adobe Photoshop Elements 35
   Arbeitsoptionen 51
   starten 46
Anhang
   E-Mail 19
auf Mediengröße skalieren
   Drucken 146
Auflösung 15, 17, 18, 24, 58
   Datenmenge 18
Aufsichtsvorlage 76
Ausdruck
   einfach 143
   kostengünstig 170
Ausschnittsrahmen
   Freistellungswerkzeug 94
Auswahlen
   aufheben 116
   partielle Bildbearbeitung 110
   Zusammenfassung 130
Auswahlrahmen
   Vorschau 60
automatische Bildoptimierung
   Drucken 161

B
Begrenzungsrahmen
   Druckervorschau 149
beidseitiger Druck
   Einstellungen 159
besseres Arbeiten
   Bildschirmorganisation 103
Bild per E-Mail 18
   Datenmenge 18
Bild zentrieren
   Druckervorschau 150
Bildbearbeitung
   Adobe Photoshop Elements 80
   Helligkeit und Kontrast 101
   Software 35
Bilddetail
   DPI 26

Bildformat
   Dateityp 74
Bildqualität 33
Bildvorlagen
   Fachbezeichnungen 76

C
Canon-Drucker 166
CD
   Buch-CD 36

D
Datei speichern
   Adobe Photoshop Elements 51
Dateityp 66
   TIF, JPG 73
Datenmengen
   Scantabelle 24
der Auswahl hinzufügen
   Zauberstab 121
Digitalkamera 15
Diskettensymbol
   Speichern 65
Doppelklicken
   Auswahl erstellen 114
Doppelpfeil
   Auswahlrahmen 61
DPI 26
   Dots 27
   Dots per Inch 26
   E-Mail Anhang 73
Drehen
   ein Bild drehen 81
Drucker
   Einstellungen 151, 153, 162
   Pflege 171
   Tintenstrahldrucker 142
Druckpunkt
   DPI 27
Druckqualität 15, 151, 153
Druckvorschau 145
Durchsichtsvorlage 76

189

E
Effekte 132
Effektfilter 132
Eidechsenhaut
　Effektfilter 134
Eigenschaften
　Drucker 151
Einstellungen
　Scanner 63
Einstellungsmöglichkeiten
　Scanner 69
Erstellen einer Auswahl 110

F
Farbvorlagen 76
Format
　Papierformat 146
Fotoalbum
　scannen 59
Fotoecken
　Effektfilter 136
Fotopapier
　Drucken 155
Freistellungswerkzeug
　Bildausschnitt bestimmen 92
Freude
　mit dem Scanner 77
Funktionen
　Adobe Photoshop Elements 50

G
ganzes Bild
　Arbeiten mit der Lupe 88
Graustufen
　Drucken 160
Graustufenvorlagen 76
große Flächen
　Auswahlen mit dem
　　Zauberstab 117

H
Helligkeit/Kontrast 101, 104
　partielle Auswahl 111
　Zauberstabübung 126
Himmel
　Retusche 128
HP-Drucker 152

I
Importieren 56
Installation 38
　Testversion Adobe Photoshop
　　Elements 36

J
JPG
　Dateityp 74
　Kompressionsstufe 74

K
Kräuselrahmen
　Effektfilter 137

L
Lasso
　Auswahlwerkzeug 112
Lehrgang
　Adobe Photoshop Elements 48
Lupenwerkzeug
　Adobe Photoshop Elements 85

M
Magnetisches Lasso
　erweiterte Einstellungen 126
magnetisches Lasso
　Auswahl erstellen 112
Maximieren
　Bildfenster 84
Mega-Byte
　Datenmenge 19
Menüleiste
　Adobe Photoshop Elements 50, 82

O
Optionsleiste
　Adobe Photoshop Elements 52
　Zauberstabeinstellungen 120
Originaldatei
　Behalten 99

P
Palettenfenster
　Adobe Photoshop Elements 53
　schließen 83
　verschieben 53

Stichwortverzeichnis

Palettenraum
   Adobe Photoshop Elements 51
   Effektfilter 133
Papier
   Druckerpapier 154
Papierformat
   Ausdrucken 146
Papiersorte
   Einstellungen des Druckers 155
Pixel 14, 15, 25
   Punkte 14
Points
   PPI 27
PPI 15, 17
Programmoberfläche
   Adobe Photoshop Elements 48
Proportionen
   ausdrucken 146
PSD-Datei
   Adobe Photoshop Elements 73
Pull-down-Menü
   Effektfilter 134

Q

Qualität
   JPG 72
Qualitätsverlust
   JPG 74
Querformat
   Drehen des Papiers 158

R

Register
   Effekte 51
Registerkarten
   Adobe Photoshop Elements 50
Retusche
   rote Augen 91
Rezepte 139
Rote-Augen-Pinsel
   Retusche 88

S

Scan
   E-Mail-Anhang 69
Scannen 14
   Goldene Regeln 76
   mit der Twain-Schnittstelle 56

Scanner 14, 32
   Lampe überprüfen 63
   Software 32, 34, 57
Schieberegler
   Helligkeit/Kontrast 105
Schnellstartfenster
   Adobe Photoshop Elements 48
Schnellzugriff
   Scannersoftware 33
Schnittmenge mit Auswahl bilden
   Zauberstab 122
Scrollbalken
   Bildlaufleiste 136
Skalierung
   Drucken 148
Speichern 174
   Bildkopie speichern 96
   Scan 64
Speichern unter
   Adobe Photoshop Elements 65
Start-Menü 46
Strichvorlagen 76
Symbolknöpfe
   Adobe Photoshop Elements 50
Symbolleiste
   Adobe Photoshop Elements 50

T

Testversion 35
Transparenz
   gewürfelter Hintergrund 138
TWAIN
   Importieren 56
   Schnittstelle 34

U

Übung von Auswahl erstellen 110

V

Vergrößern
   Arbeiten mit der Lupe 85
von Auswahl subtrahieren
   Zauberstab 122
Vorlagen
   Scanvorlagentabelle 75
Vorschau
   Scannen 58

191

W

Werkzeug magnetisches Lasso 117
Werkzeugleiste
   Adobe Photoshop Elements 52
   Verschieben 52
Werkzeugspitzen
   Größe verändern 90
Willkommensbildschirm 48
Windows 98 36

Z

Zauberstab
   Auswahlwerkzeug 117
   erweiterte Funktionen 120
   Übung 118